現代フィリピンの法と政治
——再民主化後30年の軌跡——

知花 いづみ・今泉 慎也 著

アジア経済研究所
IDE-JETRO

目　次

略語一覧

序　論 ……………………………………… 知花いづみ・今泉慎也　1
　1．本書のねらい　1
　2．本書の構成　7
　3．法令等の表記について　9

第1章　フィリピンの政治過程と憲法
……………………………………… 知花いづみ・今泉慎也　11
はじめに　11
第1節　1987年憲法の背景と制定過程　11
第2節　1987年憲法の特徴　15
　2-1　大統領　15
　2-2　議会と立法過程　18
　2-3　人権保障の強化　25
　2-4　憲法上の政策指針　27
　2-5　憲法改正　28
第3節　1987年憲法体制の展開　28
　3-1　コラソン・アキノ政権（1986～1992年）　29
　3-2　ラモス政権（1992～1998年）　32
　3-3　エストラーダ政権（1998～2001年）　34
　3-4　アロヨ政権（2001～2010年）　36
　3-5　ベニグノ・アキノⅢ政権（2010～2016年）　39
おわりに　41

第2章　フィリピンの選挙制度改革 … 知花いづみ・今泉慎也　43
はじめに　43
第1節　選挙に関する法と組織　46

i

1－1　概要　46
　　1－2　選挙委員会（COMELEC）　47
　　1－3　選挙監視団　50
　　1－4　選挙審判所　51
　第2節　電子選挙制度の導入　52
　第3節　政治参加の拡大のための取り組み　54
　　3－1　在外不在投票制度　55
　　3－2　政党名簿方式と少数者の政治参加　56
　おわりに　62

第3章　フィリピンの司法化 …………… 知花いづみ・今泉慎也　63
　はじめに　63
　第1節　フィリピンにおける違憲審査制の基盤　66
　　1－1　1987年憲法の制度設計　66
　　1－2　経済条項と違憲審査　72
　第2節　司法の独立と最高裁判所長官の弾劾　78
　　2－1　司法の独立と裁判官の任命　78
　　2－2　「アロヨ・コート」　80
　　2－3　最高裁判所長官の弾劾事件　82
　おわりに　86

第4章　南部フィリピン紛争と憲法… 知花いづみ・今泉慎也　89
　はじめに　89
　第1節　「ムスリム・ミンダナオ自治地域（ARMM）」の形成　95
　　1－1　「自治地域」創設の背景　95
　　1－2　ムスリム・ミンダナオ自治地域の制度設計　96
　第2節　バンサモロと2008年最高裁判所違憲判決　102
　　2－1　先祖伝来領合意　102
　　2－2　最高裁判所判決の争点　104
　　2－3　判決をめぐる論争　106

第3節　バンサモロ基本法案の合憲性問題　108
　　3-1　MILFとの和平合意の実現　108
　　3-2　バンサモロ基本法案の概要　110
　　3-3　バンサモロ基本法案の違憲性をめぐる議論　112
　第4節　ドゥテルテ政権期における取り組み　115
　　4-1　連邦制導入論の台頭　115
　　4-2　2018年バンサモロ組織法の成立　117
　おわりに　123

第5章　フィリピンにおける市場と法——競争法を中心に——
……………………………………………… 知花いづみ・今泉慎也　125
　はじめに　125
　第1節　憲法と経済　126
　　1-1　経済改革と法　126
　　1-2　憲法と経済　128
　第2節　2015年競争法の制定と特徴　131
　　2-1　競争法制定の背景　131
　　2-2　規制の体系　134
　　2-3　フィリピン競争委員会　149
　　2-4　競争法の実施および施行　152
　　2-5　司法手続　155
　おわりに　157

　　参考文献　159
　　参照法令　165
　　参照判例　174
　　主要なウェブサイト　176
　　索引〔人名，事項〕　179

〔略語一覧〕

ANAC-IP	National Coalition of Indigenous Peoples Action	全国先住民行動連合
AO	Administrative Order	行政命令
ARMM	Autonomous Region in Muslim Mindanao	ムスリム・ミンダナオ自治地域
BBL	Bangsamoro Basic Law	バンサモロ基本法
BEI	Board of Election Inspectors	選挙検査委員会
BJE	Bangsamoro Juridical Entity	バンサモロ機構 ※未成立
BP	Batas Pambansa	国家法
CA	Commission on Appointments	任命委員会
CAB	Comprehensive Agreement on Bangsamoro	バンサモロ包括的協定
CBCP	Catholic Bishops' Conference of the Philippines	カトリック司教協議会
CEDAW	Convention on the Elimination of All Forms of Discrimination against Women	女性差別撤廃条約
CFO	Campaign Finance Office	選挙資金事務所
CHR	Commission on Human Rights	人権委員会
COA	Commission on Audit	会計検査委員会
COMELEC	Commission on Elections	選挙委員会
CPP	Communist Party of the Philippines	フィリピン共産党
CSC	Civil Service Commission	公務員委員会
DepEd	Department of Education	教育省

EO	Executive Order	行政命令
IBP	Integrated Bar of the Philippines	フィリピン統合弁護士会
JBC	Judicial Bar Council	司法法曹評議会
LEDAC	Legislative-Executive Development Advisory Council	立法行政開発諮問評議会
LLC	Local Legislative Council	地方立法評議会
MILF	Moro Islam Liberation Front	モロ・イスラーム解放戦線
MMA	Muslim Mindanao Act	ムスリム・ミンダナオ法
MNLF	Moro National Liberation Front	モロ民族解放戦線
Modex	Modernization and Excellence (Operation Modex)	「近代化・秀逸性」戦略
NAMFREL	National Citizens' Movement for Free Elections	自由選挙のための全国市民運動
NCIP	National Commission on Indigenous Peoples	先住民国家委員会
NCR	National Capital Region	マニラ首都圏
NEDA	National Economic Development Agency	国家経済開発庁
NUPL	National Union of Peoples' Lawyers	民衆弁護士全国組合
OAV	Overseas Absentee Voters	海外不在有権者
OFW	Overseas Filipino Workers	在外フィリピン人労働者
PCOS	Precinct Count Optical Scanners	投票用紙自動読取機
PD	Presidential Decree	大統領令
PET	Presidential Electoral Tribunal	大統領選挙審判所

PLLO	Presidential Legislative Liaison Office	大統領立法リエゾン室
PNP	Peace Negotiation Panel	和平交渉団
PPCRV	Parish Pastoral Council for Responsible voting	責任ある投票のための教区会議
RA	Republic Act	共和国法
RCC	Regional Consultative Commission	地域諮問委員会
SCRA	Supreme Court Report Annotated	注釈つき最高裁判所判例
SET	Senate Electoral Tribute	上院選挙審判所
SONA	State of the Nation Address	（大統領）施政方針演説
SWS	Social Weather Station	ソーシャル・ウェザー・ステーション（民間世論調査機関）
TRICAP	Tribal Communities Association of the Philippines	フィリピン部族共同体協会
TRO	Temporary Restraining Order	一方的緊急差止命令
VCMs	Voting Counting Machines	票集計機

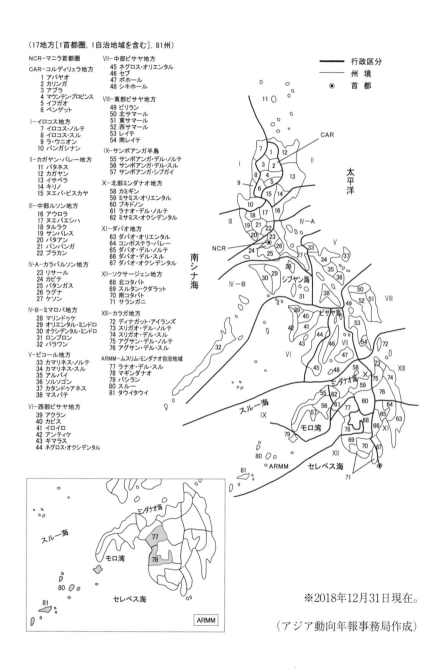

序　論

知花 いづみ・今泉 慎也

1．本書のねらい

　フェルディナンド・マルコス（Ferdinando E. Marcos）政権による権威主義体制に終止符を打った1986年2月の「エドサ革命」から30年余りの歳月が流れた。フィリピンの総人口は2015年の人口センサスで初めて1億人を超え（1億98万人），25年前の1990年の総人口6070万人と比較すると66％増加した（**図序-1**）。1986年の民主化運動から30年のあいだに人口はほぼ倍増したといえるだろう。2015年の30歳未満の人口は6017万人（59.6％）であり，平均年齢は約25歳で国民の約6割が民主化後に生まれた世代であることがわかる（**図序-2**）。

　エドサ革命と呼ばれたフィリピンの民主化運動は，その後の東アジアにおける民主化の波の先陣を切る政治変化として注目されてきた。しかしながら，上述のように1987年以降に生まれた市民がすでに6割を超えている今，エドサ革命の記憶は風化が進んでいるといっても過言ではない。2016年総選挙による異色の指導者ロドリゴ・ドゥテルテ（Rodrigo Roa Duterte）大統領の登場は，時代の変化を示すものといえるかもしれない。

　エドサ革命後に制定された1987年フィリピン共和国憲法は，マルコス権威主義体制の負の遺産の清算だけでなく，民主化後の政治体制や経済社会改革の青写真を描くものであった。フィリピンの将来を願ったさまざまな人々の思いが込められた憲法であり，さまざまな画期的なプログラムが盛

り込まれている。その憲法に描かれた絵は30年の時を経て，はたしてどれだけ実現したのであろうか。あるいは，すでに今の時代とのあいだにずれが生じているのであろうか。

本書のねらいは，この1987年憲法を軸に民主化後30年のフィリピン法の変化を素描しようとするものである。30年経った今でも1987年憲法の改正は行われていないが，それは憲法が制定時のままで止まっているということを意味しない。憲法規定は議会によるさまざまな立法によって具体化されてきたほか，司法や行政機関による憲法解釈・憲法実践を通じてさまざまな方向に展開している。時には起草者の思惑とは違う方向に発展した分野もあるだろう。1986年以降の各政権において繰り返し憲法改正論が浮上してきたことにあらわれているように，現実の政治・社会とのあいだに緊張関係をもった憲法でもある。

この30年間でフィリピンはどのように変化してきたのであろうか。政治面では，選挙による政権交代が定着し，民主化を試みたコラソン・アキノ（Corazón Aquino）大統領から現職のドゥテルテ大統領まで6人の大統領が登場した（**表序-1**）。

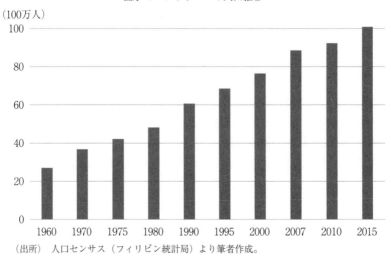

図序-1　フィリピンの人口推移

（出所）人口センサス（フィリピン統計局）より筆者作成。

しかしながら，そのあいだもフィリピンの民主主義が幾度となく危機に直面してきた事実を忘れてはならない。エドサ革命でみられた路上における大衆運動によって政権交代を図ろうとする動きは，2001年に退陣に追い込まれたジョセフ・エストラーダ（Joseph E. Estrada）政権下でも再現された。同大統領への退陣要求は，違法賭博にまつわる政治献金疑惑を理由とした弾劾裁判に端を発するものであった。この事件は，議会における審議が証拠不十分でお蔵入りになるかと思われた矢先に起きた，大統領の辞任を求める大規模な大衆行動によって混迷を深めた。市民たちが1986年の「エドサ革命」と同様にエドサ通りに集結して大統領の退陣を求めたため，この一連の動きは「エドサⅡ」と呼ばれた。上院でのエストラーダ大統領に対する弾劾手続は成功しなかったものの，市民の激しい抗議運動に直面してエストラーダは大統領職にとどまることができず，「大統領が不在の

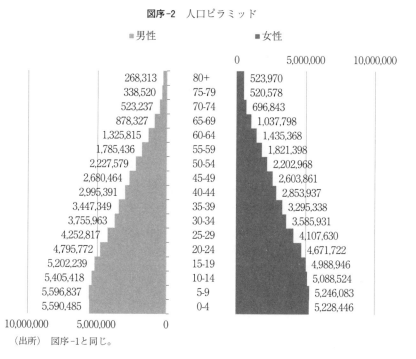

図序-2　人口ピラミッド

（出所）図序-1と同じ。

表序-1　1986年以降のフィリピン大統領

年	大統領	議　会	最高裁長官
1986	第11代：コラソン・アキノ（1933年1月25日～2009年8月1日死去）大統領選挙 1986年2月7日 在職 1986年2月25日～1992年6月29日	第8議会 選挙 1987年5月11日 会期 1987年7月27日～1992年6月17日	クラウディオ・ティーハンキー 在職 1987年4月2日～1988年4月18日
1987			
1988			ペドロ・ヤップ 在職 1988年4月18日～6月30日
1989			マルセロ・フェルナン 在職 1988年7月1日～1991年12月6日
1990			
1991			
			アンドレス・ナルヴァサ 在職 1991年12月8日～1998年11月30日
1992	第12代：フィデル・ラモス（1928年3月18日～）在職 1992年6月30日～1998年6月30日	第9議会 選挙 1992年5月11日 会期 1992年7月27日～1995年6月9日	
1993			
1994			
1995		第10議会 選挙 1995年5月8日 会期 1995年7月24日～1998年6月5日	
1996			
1997			
1998	第13代：ジョセフ・エストラーダ（1937年4月19日～）在職 1998年6月30日～2001年1月20日「辞任」	第11議会 選挙 1998年5月11日 会期 1998年7月27日～2001年6月8日	ヒラリオ・ダビデ 在職 1998年11月30日～2005年12月20日
1999			
2000			
2001	第14代：グロリア・マカパガル・アロヨ（1947年4月5日～）在職 2001年1月20日（副大統領から昇格）～2010年6月30日	第12議会 選挙 2001年5月14日 会期 2001年7月23日～2004年6月4日	
2002			
2003			
2004		第13議会 選挙 2004年5月10日 会期 2004年7月26日～2007年6月8日	
2005			アーテミオ・パガニバン 在職 2005年12月20日～2007年12月7日
2006			
2007			
2008		第14議会 選挙 2007年5月14日 会期 2007年7月23日～2010年6月9日	レイナト・プノ 在職 2007年12月8日～2010年5月17日
2009			
2010			
2011	第15代：ベニグノ・アキノⅢ（1960年2月8日～）在職 2010年6月30日～2016年6月30日	第15議会 選挙 2010年5月10日 会期 2010年7月6日～2013年6月6日	レナト・コロナ 在職 2010年5月17日～2012年5月29日
2012			
2013		第16議会 選挙 2013年5月13日 会期 2013年7月22日～2016年6月6日	マリア・ローデス・セレノ 在職 2012年8月25日～2018年5月11日
2014			
2015			
2016	第16代：ロドリゴ・ドゥテルテ（1945年3月28日～）在職 2016年6月30日～現在	第17議会 選挙 2016年5月9日 会期 2016年7月25日～現在	
2017			
2018			テレシタ・レオナルド・デ・カストロ 在職 2018年8月18日～2018年10月10日

（出所）　筆者作成。
（注）　1992年以降，大統領選挙は議会選挙と同日のため省略。

場合は副大統領が自動的に大統領職に昇格する」と定める憲法上の規定に基づいてグロリア・マカパガル・アロヨ（Gloria Macapagal Arroyo）副大統領が大統領に就任した（本書第1章参照）。アロヨの大統領就任が少なくとも憲法上の手続に則って進められたことの意義は大きい。街頭での大衆運動に依拠する政権交代は，権威主義体制を倒す原動力となると同時に，フィリピン人の政治的成熟の脆弱性を示唆する二面性をもつ（Gatmaytan 2017, 3）。

こうして2001年に政権の座についたアロヨは，次の2004年の選挙で再選されたため，その任期はフィリピン大統領としては異例の通算9年5カ月に及んだ。アロヨは在任中に積極的に経済改革を進めるなどフィリピンの経済成長に寄与したが，選挙後にアロヨと選挙委員長とのあいだで秘密裏に結果の不正操作に関する合意があったという疑惑が発覚し，市民のあいだで旧来の選挙制度に対する不信感が再燃した。こうした経緯を経て，2010年の総選挙ではかねてより導入が検討されていた自動化選挙（Automated Election）の導入が積極的に推進された。マークシート方式による投票と自動読み取り機を利用した投開票の自動化は，迅速かつ正確な選挙結果の集計および確定に繋がり，国内外からの信頼の回復と民主主義の安定に大きく貢献したと評価された（本書第2章参照）。

政治の安定性という観点からみると，島嶼国家であるフィリピンは，全国各地に散らばる共産勢力や独立を求めるイスラーム系の武装勢力と政府の対立という宿痾からまだ完全には抜け出せていない。ホセ・マリア・シソン（José María Sison）が率いるフィリピン共産党（Communist Party of the Philippines: CPP）に代表される共産勢力と政府との対立は今なお続いており，これまでに幾度も和平交渉が繰り返されてきた。また，ミンダナオ島などイスラーム教徒（ムスリム）人口が多い南部フィリピンでは1970年代以降から分離独立・自治拡大を求める反政府運動が展開され，政府にとってはモロ民族解放戦線（Moro National Liberation Front: MNLF）やMNLFから分派したモロ・イスラーム解放戦線（Moro Islam Liberation Front: MILF）との和平合意が長年の課題とされてきた。さらに，1990年代初め以降はイスラーム系過激派組織アブ・サヤフのテロ活動への対応も

迫られている。1987年憲法には「ムスリム・ミンダナオ自治地域」（Autonomous Region in Muslim Mindanao: ARMM）に関する規定がおかれ，反政府勢力との和平交渉が各政権下で着実に進められてきた。MNLFとのあいだでは1996年にフィデル・ラモス（Fidel V. Ramos）政権下で和平合意が成立したほか，MILFとも2014年にベニグノ・アキノⅢ世（Benigno Simeon Cojuangco Aquino Ⅲ）政権下で包括和平合意の枠組みに関する協定が締結された。しかし，その合意内容を具体化するための法案への違憲性の疑いなどが制約となり，合意の実現は必ずしも順調には進んでこなかった。そうしたなか，2016年に成立したドゥテルテ政権のもとでは，ARMM組織法の改正という形で新たな自治政府の樹立に向けた道筋が示されたことで，南部フィリピン問題の和平と開発がどのように進むのかが注目されている。（本書第4章参照）。

経済面では，20世紀後半のフィリピンはほかのASEAN原加盟国のインドネシア，タイ，マレーシアと比べると，高度成長の波から取り残されてきたといっても過言ではない。それは前述した国内の政治対立や紛争に加えて，台風や火山噴火といった自然災害の影響により経済成長の波に乗り

図序-3　GDP成長率推移

（出所）　筆者作成。

切れない時期が長く続いた影響が大きい。マルコス政権の負の遺産を引き継いだコラソン・アキノ政権以降，政府は巨額の財政赤字や債務問題の解決に悩まされ，長期にわたりIMFの管理下におかれた。この時期の経済政策は国際化，自由化，規制緩和を基調とするものとなり，そうした変化を支える経済法改革も課題となった。各政権下で優先重要政策とされた税制改革などを通して財政基盤の改善が図られ，さらには出稼ぎ労働者による堅調な送金による下支えや，規制緩和・民営化等の諸改革などが経済成長につながり（柏原 2010），世界不況の影響を受けた2009年を除き，2002年以降は着実に堅調な経済成長がみられるようになった。とくにアキノⅢ政権以降の経済成長は顕著であった。株式市場をみるとフィリピンの株価は過去10年間で約4倍に上昇し，長らく「投資不適格」とみなされていたフィリピン国債の格付も「投資適格」へと引き上げられた。

2. 本書の構成

本書の構成は次のとおりである。第1章「フィリピンの政治過程と憲法」では，アメリカ憲法をモデルとするフィリピン憲法がどのような政治制度を採用し，それが現実の政治過程においてどのように機能してきたかを考察する。1987年憲法はいまだ改正に至っていないが，歴代政権下では繰り返し憲法改正論が浮上し，そのたびに多くの論争が積み重ねられてきた。ここでは憲法改正論議の変遷をたどることで，現在の憲法体制が抱える課題や政治過程と憲法との緊張関係について検討する。

第2章「フィリピンの選挙制度改革」では，民主主義政治の安定化の鍵を握る選挙制度の改革について考察する。本章はとくに2010年の総選挙から本格的に導入された電子投票ないしは自動化選挙に着目する。電子投票は，ドゥテルテ大統領が当選した2016年総選挙でも2日程度で選挙結果が判明するなど，それまでの手作業による投票および開票プロセスと比較すると飛躍的な効果をもたらした。迅速で透明性の高い票集計が可能になったことは，選挙プロセスへの信頼を高めることにつながった。以上に加え

て，本章では約800万人（2015年，フィリピン外務省統計）の在外フィリピン人のための在外投票制度の整備の動きなど，選挙制度をめぐる他の改革も概観する。

　1986年以降のフィリピンでは，政治過程や政策形成過程において司法判断の影響力が拡大する「司法化」現象が顕著となっている。第3章「フィリピンの司法化」では，司法化現象を促してきた制度的な基盤を検討する。フィリピンはアメリカ統治のもとでコモンローの法伝統を継承したほか，1987年憲法のもとで司法の独立や司法審査・違憲審査の強化のための改革が図られた。他方，政治への司法の影響力が高まることは，同時に政治の側からの司法への圧力も強まることも意味する。本章では弾劾裁判による最高裁判所長官の罷免が成立した事例の分析を通じて，フィリピンにおける政治と司法との軋轢を探る。

　第4章「南部フィリピン紛争と憲法」では，1970年代以降から活発化したイスラーム教徒の分離独立運動を背景とする南部フィリピン紛争と憲法との関係について考察する。1987年憲法でARMMの創設が定められて以来，MNLF，さらにはMILFとの和平合意とその実現が模索されてきたものの，紛争の完全な解決には至らなかった。2008年には和平合意実現に向けて政府とMILFが先祖伝来地に関する覚書を締結する直前に最高裁が同覚書は違憲であると判断し，交渉がいったん頓挫した。また，2014年にはARMMに代わる自治制度の構築を内容とするバンサモロ基本法案が提出されたが，同法案についても憲法との適合性が疑問視され，議会を通過するには至らなかった。本章では主として和平合意の実現と憲法との緊張関係を考察するが，ドゥテルテ政権のもとで顕在化してきた連邦制論やARMMの改組によって合意内容を実現しようとする動きについても紹介する。

　第5章「フィリピンにおける市場と法——競争法を中心に——」では，2015年に制定されたフィリピン競争法について解説する。フィリピンでは，1987年憲法に含まれるフィリピン人の優先を掲げる経済条項がしばしば政府の外資導入政策の足かせとなってきたものの，総じていえば，市場メカニズムを重視した自由化・規制緩和・民営化を基調とする政策が着実

に進められ、個別分野の自由化を促す立法が行われてきた。競争法は、市場における競争ルールの構築と競争委員会による監視メカニズムを導入するもので、いわば経済分野における憲法というべき性格をもっている。競争法の制定により、フィリピンにおける法と市場の関係は新たな局面に向かおうとしている。

3．法令等の表記について

　最後に、本書を読むうえで、フィリピンの法律資料の引用方法について整理しておくことが有用であろう。
　現在のフィリピン議会が制定する法律は、「共和国法」（Republic Act: RA）という法形式をとる。共和国法には通し番号がつけられているので、本書で共和国法を参照する場合、「RA＋番号」と表示する。ただし、その法律に略称が定められている場合や通称がある場合には、文脈に応じてそれも併記した。なお、RAは、1946～1972年（RA 1～RA6635）と1987年以降（RA6636～現在）の2つの時期に分かれる。過去には、共和国法以外の議会制定法としては、(1)国家法（Batas Pambansa (National Law)：BPと略記）、(2)コモンウェルス法（Commonwealth Act）、(3)法律（Act）がある。BPは、1973年憲法のもとで1978年から1985年までに制定された法律で、番号もRAとは別の系統となっている。コモンウェルス法は、1935年憲法の成立によってフィリピンがコモンウェルスに移行した後、1946年の独立までの時期に制定されたものである（ただし、日本軍政期を除く）。アメリカ統治が始まってからコモンウェルスに移行するまでの時期には法律（Act）が用いられ、1900年9月の法律1号から1935年11月の法律4275号まで確認できる。
　1987年行政法典（Administrative Code of 1987: EO292）第3編第1部第2章「規則制定権」（ordinance power）によると、大統領によって発せられる法規（presidential issuance）には、Executive Order（EO）、Administrative Order（AO）、布告（Proclamation）などがある。このうち行政命令

(EO) は憲法上または制定法上の権限行使のため一般的または恒常的性格のルールを定めるものである。なお，一般に「行政命令」と訳されることが多いので本書でもそれに従う。これらと区別すべきは，マルコス政権期の大統領令（Presidential Decree: PDと略記）とエドサ革命後から1987年制定まで（暫定憲法期）のコラソン・アキノ政権期の行政命令（AO）である。これらは大統領に付与された立法権に基づくものであり，制定法としての効力が認められる点に注意が必要である（Santos 2013）。

第1章

フィリピンの政治過程と憲法

知花 いづみ・今泉 慎也

はじめに

 本章では，1986年以降のフィリピンの政治・経済の変化を，1987年憲法を軸にたどっていく。第1節において，フェルディナンド・マルコス権威主義体制からエドサ革命を経て，1987年憲法が制定されるまでの史的展開を整理した後，第2節で1987年憲法の特徴を考察する。第3節では，1987年憲法の実施をめぐる動きや立法の動向を把握しながら，民主化後の30年間のフィリピンの政治・経済を俯瞰する。とくに過去の政権において何度も再燃する憲法改正論の変遷をたどることで現在の憲法体制が抱える課題を探る。

第1節　1987年憲法の背景と制定過程

 1987年憲法は，マルコス大統領による権威主義体制を打倒した1986年の民主化運動のもとで制定された憲法である。マルコスは，第二次世界大戦後にマヌエル・ロハス（Manuel Roxas）大統領（在職1946～1948年）の補佐

官を務めた後，1949年に北イロコス州選出の下院議員となった。つづいて1959年に上院議員に当選したマルコスは，上院議長職を3年間務めた後，1965年に大統領に就任し，その後，1969年の大統領選で再選を果たした。しかし，当時の1935年憲法では大統領の在職期間は1期4年かつ最長連続8年以下とされていた（1935年憲法（1940年改正）8条2節，5節）。マルコスは，共産主義反政府運動やイスラーム分離独立運動の活発化に対抗する治安維持の必要制を理由に1972年9月に戒厳令を布いたが，それは自らの任期延長をねらったものと受けとめられた。

　マルコス体制は，憲法によってその政権を巧みに正当化した。憲法改正の動きは戒厳令より前に始まっていた。アメリカ統治下で制定された1935年憲法の改正を求める声が高まるなか，憲法改正案を起草する憲法会議（Constitutional Convention）選挙が1970年11月に実施され，同会議は1971年6月に招集された。この憲法草案は戒厳令のもとでマルコスに反対する議員が弾圧されるなかでまとめられた。1935年憲法の規定では，憲法が成立するためにはレファレンダムによる承認が必要とされたが，1973年1月5日，マルコスは最小の行政単位であるバランガイごとに行われる市民集会（citizens assembly）における「投票」に付すことで，レファレンダムに代え，その結果をもって新憲法は国民の承認を受けたと宣言した（1973年1月17日布告）。

　1973年憲法は，大統領制および議院内閣制を組み合わせた半大統領制で，元首および執行府の長としての大統領のほか首相と内閣にも執行権が与えられる体制をとった。さらに，経過規定によって，マルコスが大統領と首相を兼任することで，マルコスへの権力集中に憲法上の基礎を与えることとなった（同憲法17条3節）。こうした動きに反発を示した市民グループは，戒厳令下では言論，報道，集会の自由はなく意見を表明できないことを理由に，最高裁判所に対して新憲法の有効性を確認する訴えを提起した[1]。最高裁判所は「有権者代表という原告適格を認めず，新憲法は改正

1）「ハベリャナ対官房長官」事件（Javellana v. Executive Secretary, G.R. No. L-36142, March 31, 1973）.

手続に従って成立した」として，1973年憲法の有効性を認めた（アジア経済研究所 1974）。戒厳令は1981年1月に解除されたが，同年4月に行われた再度の憲法改正を経て，同年6月に実施された大統領選挙でマルコスは88％の得票率で三選を果たした。

　こうしてさらに6年の任期延長を実現したマルコスであったが，政権運営は自身の健康問題に加えて，国内の政情不安により投資環境が悪化するという難局に直面した。経済面では，IMFの構造調整融資のもとでコンディショナリティによるデフレ政策が進められたが，経済再建のきっかけをつかめないまま経済危機は深刻化し，マルコス支持派からも改革を要求する声が上がるようになった。マルコス支配に反発する市民は路上デモなどの反政府活動を行ったが，その主導者たちは逮捕・拘留され，消息不明となる者も少なくなかった。また，政権主導の情報統制により言論の自由への弾圧も行われた。逮捕，拘留された反政権の活動家たちの裁判が遅々として進まない状況にあるなか，1983年8月には反マルコスの急先鋒だったベニグノ・アキノ Jr.（Benigno Aquino, Jr.）元上院議員が亡命先のアメリカから帰国した直後に空港で暗殺された。この事件をきっかけにそれまで政治に関心がなかった層にも政権への怒りが広がり，対外的にも内政の不安定さを露呈することとなった。このため，海外からの投資が冷え込み，失業率が上昇するなど，この事件は経済にさらなる打撃を与えた（福島 1984）。

　事態の打開を図ったマルコスは，繰り上げて実施された1986年の総選挙に再選をめざして出馬した。しかし，権威主義体制の崩壊は必至だとみて対決姿勢を強めた野党は再結集を図り，アキノ Jr.の妻コラソン・アキノを野党統一候補に担ぎ出して選挙戦に臨んだ（野沢 1987）。大統領選挙は1986年2月7日に実施され，その1週間後に，選挙委員会（Commission on Elections: COMELEC）が集計した投票結果に基づき議会がマルコスの当選を宣言した。マルコス陣営の勝利宣言に対しては，国内外の選挙監視団より「選挙不正の疑惑がある」との主張がされたが，マルコスはこうした意見を無視し，権力を維持していく姿勢を示した。この選挙結果に市民は怒りと不満を募らせた。最初に反対の意思を示したのは反マルコス派の将校らであった。決起した彼らを支持する形で，市民は互いに支援を呼び

かけあいエドサ通りに集結し，権威主義体制への反対運動に参加した。将校らの反対行動については，アメリカも認容する姿勢を示した。後にエドサ革命と呼ばれるこの2月政変は，マルコス政権の先行きを懸念した国軍および教会に加えて，共産勢力の伸長を阻止する必要性のあったアメリカがとった危機収拾策であった（野沢 1987）。

　1986年2月25日，コラソン・アキノの大統領就任宣誓が，クラウディオ・ティーハンキー（Claudio Teehankee, Sr.）最高裁判所長官の立会いのもとで執り行われた。コラソン・アキノは，同日に公布された布告第1号（Proclamation No. 1）において，自らが「フィリピン人民の名においてかつその意志に基づき」権力を掌握したことを宣言し，数多の人権侵害被害者のために正義を行うこと，政府が民主主義，自由，統治における正義・真実，道徳，良識を支持するため献身すること表明し，マルコス権威主義体制との訣別を明確にした。1986年3月25日には1973年憲法の一部を採用する暫定憲法が公布され，これには新たな議会が選挙されるまでコラソン・アキノが立法権を行使することが明記された。

　コラソン・アキノ政権の喫緊の課題は，政権の正当性を確保し，政治運営の安定化を図るため早急に新憲法を制定することであった。1986年6月，コラソン・アキノは布告9号に基づいてセシリア・パルマ（Cecilia Munoz-Palma）最高裁判事を議長とする48人の委員から構成される憲法起草委員会（Constitutional Commission）を設置した。草案作成に着手した同委員会の議論では，権威主義体制を支えたそれまでの政治システムの清算およびエドサ革命を支えた諸勢力の主張を基礎とする社会改革実現のための措置を新たに憲法に盛り込むことが強調された。同委員会は全国各地で公聴会を開催し，市民から幅広く意見を聴取しつつ，約4カ月半をかけて起草作業を進めた。こうして同年10月に完成した草案は翌年の1987年2月2日に実施された国民投票で76％の賛成票を得て承認された。1987年憲法の成立は，憲法上の手続によらずに誕生したコラソン・アキノ政権が国民からの信任を得たことを意味した（野沢 1987）[2]。

---

2) 1986年民主化運動前後の政治過程については，浅野（1991），川中（2005）を参照。

第2節　1987年憲法の特徴

　1987年憲法は，18条から構成され，その条文数は300を超える（章構成は**表1-1**参照）[3]。この憲法の構造上の特徴は，第1に，マルコス権威主義体制の清算を掲げたコラソン・アキノ政権の方針に基づき，マルコスが採用した議院内閣制を見直し，マルコス期以前の大統領制や二院制議会などアメリカ憲法のモデルを復活させた点にある（1935年憲法体制への回帰）（川中 2003, 25）。第2に，権威主義体制への反省から，大統領の任期制限に加えて，戒厳令布告など大統領の権限および裁量権に対する議会や司法による統制が強化された。司法については第3章で詳述し，以下では大統領，議会についてその特徴を描く[4]。

2-1　大統領

　執行権（executive power）は大統領に属し（憲法7条1節），大統領および副大統領は人民の直接選挙によって選ばれる（7条4節）。マルコスの長期独裁政権への反省から，大統領の任期は一期6年に限定され，再選は認められない（再選禁止）。

　大統領の資格要件には，出生による市民（natural born citizen）で選挙権を有すること，識字能力があり，選挙の日に40歳以上で，選挙の直近10年以上フィリピンの居住者であることが挙げられる（7条2節）。大統領選

3）フィリピン憲法は，アメリカ憲法をモデルに章に相当する18のarticleから構成され，各articleを構成する個々の条文sectionは，articleごとに番号が振られる。本書ではアメリカ憲法の定訳に従い，articleを条，sectionを節と訳す。なお，1987年憲法の邦訳としては，中川（1987），衆議院憲法調査会事務局（2003），萩野（2007）がある。1987年憲法その他の改革については，神尾（1997），安田（1996），川中（2003），稲・孝忠・國分（2010）を参照。

4）憲法上の委員会として，公務員委員会（Civil Service Commission: CSC），COMELEC（本書第2章参照），会計検査委員会（Commission on Audit: COA）がおかれる。これらの委員会，委員長および委員は，議会の任命委員会の同意を得て大統領によって任命され，その任期は7年で再任が認められない（9条）。

挙は特段の定めのないかぎり，5月の第2月曜日に実施され，任期は6月30日から開始する（7条4節）。副大統領も同様の資格，任期，方法に基づき選出されるが（7条3節），2期までは再選が認められる点が大統領と異なる（7条4節）。大統領の死亡，恒久的障害（permanent disability），罷免または辞任の場合には，副大統領が大統領に昇格する。その他，憲法は大統領代行についての規定もおく（7条7節，8節）。

マルコス期において縁故主義が蔓延したことへの反省から，兼任禁止，利益相反行為禁止などの諸規定が整備された（7条13節2項）。

表1-1　1987年憲法の章構成

前文	Preamble
1条	国家領域 National Territory
2条	原則および国家政策の宣言 Declaration of Principles and State Policies
	原則 Principles
	国家政策 Stete Policies
3条	権利章典 Bill of Rights
4条	市民権 Citizenship
5条	選挙権 Suffrage
6条	立法府 Legislative Department
7条	執行府 Executive Department
8条	司法府 Judicial Department
9条	憲法上の委員会 Constitutional Commissions
	A．総則 Common Provisions
	B．公務員委員会 The Civil Service Commission
	C．選挙委員会 The Commission on Elections
	D．会計検査委員会 The Commission on Audit
10条	地方政府 Local Governments
	総則 General Provisions
	自治地域 Autonomous Regions
11条	公務員の説明責任 Accountability of Public Officers
12条	国民経済および国民財産 National Economy and Patrimony
13条	社会正義および人権 Social Justice and Human Rights
14条	教育，科学技術，芸術，文化およびスポーツ Education, Science and Technology, Arts, Culture and Sports
15条	家族 The Family
16条	一般規定 General Provisions
17条	修正または改正 Amendments and Revision
18条	経過規定 Transitory Provisions

（出所）　筆者作成。

大統領は，すべての執行部門（executive departments, bureaus and offices）を統括する権限を有し（7条17節），国軍の最高司令官となる（7条18節）。憲法は，大統領の責務・権限として，①戒厳令，人身保護令状の特権の停止（7条18節），②恩赦（7条19節）[5]，③条約，国際協定の締結（上院の3分の2以上の同意を要する）[6]，④国際借款の契約・保証（7条20節）[7]について定める。

マルコス期には権威主義的体制維持のために戒厳令が用いられたが，1987年憲法は大統領の非常事態権限を維持する一方，その効果や手続に関する詳細な規定を設けた（7条18節）。大統領は，侵略，内乱が発生し，公共の安全のため必要がある際は，60日を超えない範囲で人身保護令状の特権を停止し，フィリピン全国に戒厳令を布くことができる。戒厳令の内容については，①戒厳状態は憲法の適用を停止するものではないこと，②戒厳令により通常裁判所や立法会議の権能は奪われず，戒厳令下で通常裁判所が機能し得る場合には，軍事裁判所および軍事機関への民間人に対する管轄権の付与は認められず，また令状特権を自動的に停止するものではないこと，③人身保護令状の特権の停止は，反乱または侵略行為にかかわる犯罪について訴追を受けた者に対してのみ適用されること，④人身保護令状の特権が停止される間に逮捕または拘禁された者は，3日以内に起訴

---

5) 大統領は，弾劾の場合を除き，かつ，憲法に別段の定めがある場合を除いて，有罪宣告後に「刑の執行猶予，減刑および恩赦」を与え，また，罰金刑・没収刑を免じる権限を有する。また，大赦（amnesty）を付与する場合は，議会の全議員の過半数の同意を得なければならない（7条19節）。
6) 条約または国際協定は，上院の総議員の3分の2が同意しないかぎり，効力を生じない（7条21節）。上院が外交問題に影響を与えた事例として，1991年のクラーク空軍基地の返還がある。同年，ベトナム戦争時にアメリカにとって重要な出撃地のひとつであったクラーク空軍基地の使用期限に関する1947年比米軍事基地協定の見直しが行われた。しかし，条約批准権を有する上院では12対11で基地使用の期限延長が拒否され，同協定は1992年12月31日に終了せざるを得ない状況に追い込まれた（福島 1993, 297）。
7) 大統領は，財政委員会の事前の同意を得て，かつ法律の定める制限に服することを条件に，国際借款の契約および保証を行うことができる。財政委員会は各四半期の最終日から30日以内に，議会に対して外国借款に関する契約，保証および申請に関する決定事項をまとめた報告書を提出する義務を負う（7条20節）。

されなくてはならず，そうでないときは釈放されなければならないこと，といった点が明記された。

議会との関係については，①大統領は，戒厳令布告もしくは人身保護令状の特権の停止後，48時間以内に議会に対して自ら文書で報告を提出しなければならず，②議会は，通常会期であるか特別会期であるかを問わず，総議員の過半数により，当該布告を停止もしくは無効とすることができ，大統領はこの無効を拒否することができない。また，議会は，③侵略または内乱が収拾されず，公共の安全が脅かされるときは，大統領の発意に基づいて，同様の手続に従い戒厳令の布告もしくは人身保護令状の停止の期間を自らの意思で延長することができ，さらに，④休会中の場合，かかる布告または停止から24時間以内に，その規則に従い，かつ大統領による招集の必要なしに会合することができる。

また，最高裁判所は，市民によって提起された適切な手続に基づき，戒厳令布告または人身保護令状の特権の停止の事実的基礎を審査することができ，その司法判断をその提起から30日以内に公表しなくてはならない（7条18節）。

2-2 議会と立法過程
(1) 議会の組織

立法権は議会に属する一方，発議（initiative）とレファレンダムを通じて人民に立法権が留保されている（6条1節)[8]。

議会は，上院（Senate）と下院（House of Representatives）により構成される。上院議員の定数は24人，任期は6年で，3年ごとに議席数の半数が改選され，在職期間は連続して2期に制限される（3選禁止規定，6条2-4節）。上院は定数が少ないことから1議員がもつ1票の影響力が大き

---

[8] 具体的には，議会に，登録有権者総数の10%により署名され，かつ各選挙区の登録有権者の少なくとも3%によって代表される請願が提出された場合，人民は直接法律を提案および制定できる（6条32節）。また，後述するように，弾劾および憲法改正についても市民に発議が認められる（11条3節，17条2節）。その実施のため，「1989年発議・レファレンダム法」（RA6735）がある。

い。また，上院議員の選挙は全国区で実施されるため，一般に全国的に知名度の高い候補者が有利となる傾向があり，ニュースキャスターや俳優，有名政治家の子息が当選した例がある。さらに，これまでの正副大統領には上院議員経験者が多いことから，上院議員は次期大統領候補としても注目される。

　下院は，法律に別段の定めのないかぎり250人以下の議員で構成され（2016年総選挙時は232人），下院議員選挙は，いわゆる小選挙区制と政党名簿制に基づき実施される。小選挙区制のもとでは州，市，マニラ首都圏において住民数に応じた議席が割り当てられる一方で，政党名簿制は，多様な層の民意を国政に反映させることを目的とする。下院議員総数の20％は政党名簿方式によって選出された議員で構成されなければならない（6条5節）。下院議員の任期は3年で，在職期間は連続して3期に制限される（4選禁止，6条7節）。上下両院の通常選挙は，原則として5月の第2月曜日に実施され（6条8節），両院それぞれに選挙にかかわる争訟を扱う選挙審判所（Election Tribunal）が設置される（本書第2章参照）。選挙権は，法律によって資格を喪失しないかぎり，フィリピン国内に1年以上居住する18歳以上のすべての市民に認められる（5条1節）。

　大統領の任期が厳格に1期6年に制限される背景には，寡頭エリートによる長期支配を防止し，政治王朝の誕生を阻止するねらいがある。このほか，上院・下院議員にも任期制限が課される。再選に関連する任期制限規定の見直しは権力の座にとどまりたい政治家が憲法改正を求めるひとつの理由となってきた。

　大統領は議会の通常会期の開会にあたって施政方針演説（State of the Nation Address: SONA）を行い（7条23節），通常会期の開会から30日以内に，議会に対して一般歳出法案の基礎となる歳出および財源の予算を提出しなければならない（7条22節）。また，大統領は議会の特別会期をいつでも招集することができる（6条15節）。

(2) 立法過程

　上院と下院は同等の権限を有するが，一定の法案については下院に先議権が認められる。憲法は，「すべての歳出，歳入または関税法案，公的債

務増額授権法案，地方適用法案および私法案」は下院において先議すると定め，上院は下院案に対して修正を提案，または修正を付して同意することのみができる（6条24節）。予算について，憲法は，議会は大統領が要求および勧告する歳出を増額することはできず（6条25節1項），また，一般歳出法案には，当該法案により定められた特定の歳出と明確な関係がないかぎり，いかなる規則または法規も包含されてはならないと定める。議会のための歳出の承認手続は厳格でなければならず（6条25節2項），法案はすべて，その法案の名称に付された主題のみを含むものとされる（6条26節1項）。

原則として，議会により可決されたすべての法案は，法律として成立する前に大統領に提出され，承認を受ける必要がある。大統領には法案を承認しないことで拒否する権利があり，大統領が拒否権を行使した場合には，当該法案は異議を付され先議院に差し戻される。この場合，法案は当該議院の再議において改めて全議員の3分の2により承認されたとき，自動的に法律として成立する（6条27節1項）。

アメリカをモデルとする大統領制・議会制を採用するフィリピンの立法手続は，アメリカと同様の特徴をもつ。そのひとつが法案は議員によってのみ提出され，大統領・政府には法案提出権がないことである。大統領および政府にとって政策の実施に必要な法律を成立させるためには，議会の協力が不可欠となるが，それは法案を作成・提出するには議員である提案者（author）が必要だからである。議会において大統領の支持基盤の政党が多数をもたないねじれ現象が生じた場合，大統領は重点政策の実施に大きな制約を受けることになる。また，大統領の支持基盤が議会の多数派を占めていたとしても，議員に対する拘束力が弱い場合は，大統領が進めたい法案に与党議員が協力的ではない状況が生じ得る。一般に，フィリピンの政党は，所属議員に対する統制が弱いといわれる[9]。

9）この点に関連して，川中（2010）は，フィリピンにおける政策帰結は，予算策定など大統領の権限の強い政策領域と一般的な立法過程など議会の権限の強い政策領域の2つの領域における「妥協の交換」によって生み出されるとする（川中 2010, 61）。

第1章　フィリピンの政治過程と憲法

こうした状況のもとで政権が必要とする法案の成立を円滑に進めるための制度が模索されてきた。代表的なものにフィデル・ラモス政権期の1992年12月に立法執行開発諮問評議会設置法（RA7640）によって設置された「立法執行開発諮問評議会」（Legislative-Executive Development Advisory Council: LEDAC）がある。LEDACは，大統領，副大統領，上院議長，下院議長，大統領が指名する閣僚7人，上院議長が指名する上院議員3人，下院議長が指名する下院議員3人，地方自治体代表1人，青年部門（youth sector）代表1人，民間部門代表1人の20人により構成される。立法過程におけるLEDACのおもな機能は，政府・大統領が成立させたい法律案と議会側が通過させたい法案とを勘案して，優先法案（共通立法アジェンダ：Common Legislative Agenda）を策定することにある。優先法案に指定された法案は，議会に早期に提出され，かつ早期に審議される可能性が高くなる。また，LEDACの場で大統領府，上院，下院のあいだの見解の相違を事前に調整できるため，そこで検討された優先法案は議会における意見調整が停滞せずに進む傾向にある。なお，LEDACの事務局は国家経済開発庁（National Economic Development Agency: NEDA）におかれ，大統領側の法案の準備は大統領府の大統領立法リエゾン室（Presidential Legislative Liaison Office: PLLO）が事務局となる。

(3) 立法の推移

フィリピンにおける立法はどのように推移してきたのであろうか。図1-1は，1986年以降の各議会におけるRAの制定数を大統領の承認を受けた制定年ごとに示したものである。この図から，各議会の活動の初期においては可決される法律の数が少なく，その後半に制定数が増えることがわかる。後述するように2001年の政変が起きた第11議会を除き，すべての議会において最終年の制定数が最も多い。グロリア・マカパガル・アロヨ政権のように，たとえ大統領の任期が2期目（2004〜2010年）に入ったとしても他の政権の場合と同じようなパターンが生じることがわかる。選挙によって大統領の議会における支持基盤が変化するため，新たに発足した議会との調整が必要だからであろう。

フィリピンにおいても行政機関による行政法規の役割は高くなっている

21

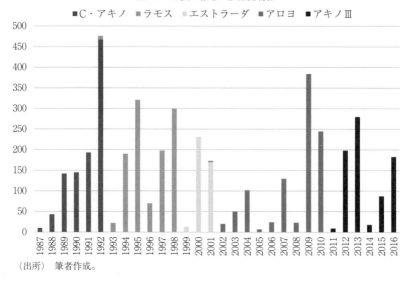

図1-1 立法の推移（大統領別）
（出所）筆者作成。

が，一般に議会制定法でどこまで定め，どこまで下位の行政法規に委ねるかは国によって異なる[10]。フィリピンの立法の特色として興味深い点は，日本では下位の行政立法などに委ねられる事項が，共和国法によって定められることが多いことである。①特定の道路の名称の変更，②特定の小学校，高校，カレッジの新設や名称の変更，③特定の病院のベッド数の増加といったものが共和国法で定められている。これらは概して地元密着的な内容といえよう。また，このほかに特定の組織・事業者等への④事業権設

---

[10] 執行府および司法府が憲法によって付与された権限のみを行使することができるのに対して，議会の権限は，憲法によって課される制約を除いて，無制限かつ実務上絶対的（unlimited and practically absolute）なものとされる（議会主権）。また，権力分立の原則から議会は立法権を委任できないとされる（Santiago 2016, 283-285）。行政機関への授権は非立法的権限の委任としてのみ認められるのであって，行政機関の裁量が広すぎることなどを理由に，不当な委任（undue delegation）として授権する法律が違憲と判断されることがある（Santiago 2016, 285）。最高裁の判断基準として，委任が完全であること（completeness）や受任者の権限の範囲について十分な基準を定めることなどがある（Santiago 2016, 286-287）。

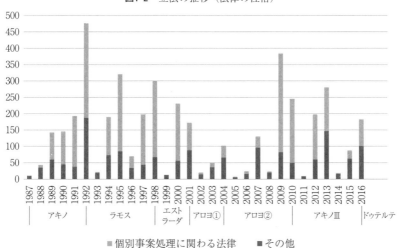

図1-2 立法の推移（法律の性格）

■個別事案処理に関わる法律　■その他

（出所）　筆者作成。

定（フランチャイズ）も法律の形式によって行われる。図1-2は，毎年制定される共和国法のなかで上述の①～④に該当するものの比率を試算したものである。①～④以外にも個別事案に関する法律があるので，これは控えめな試算である点は注意されたい。この図からは，個別事案に関係する法律が一定程度占めていること，そして，任期の最終年になり，選挙が近づいてくるほど個別事案に関する立法が増えることも各期に共通することがわかる。重要法案が優先されるため，個別事案にかかわる法律が任期後半に集中することも考えられるが，議員が個別事案の方が地元にアピールできると認識し，選挙が近づくにつれて，そのような法案を増やす可能性も高いように思われる。

(4)　弾劾制度

弾劾（impeachment）は，憲法上，高い身分保障が認められる公務員を罷免する唯一の手段である。憲法が定める弾劾の対象となるのは，大統領，副大統領，最高裁判所長官・判事，憲法上の委員会の委員長および委員，オンブズマンであり，これ以外の公務員の罷免は弾劾によらず，法律の

定めに従って行われる。対象者は「憲法の有責的違反（culpable violation），反逆，贈収賄および汚職その他の重罪または公の信託に対する背信行為」を理由とする弾劾およびその有罪決定に基づき罷免される（11条2節）。

　弾劾事件の審理および決定は上院の専権であり（11条3節6項），弾劾手続の開始は下院の専権とされ（11条3節1項），弾劾は司法手続ではない。弾劾告発状（article of impeachment）は，下院議員総数の少なくとも3分の1の賛成を要する（11条3節3項）。また，下院議員による認証決議を得ることで市民による弾劾を申立てることも認められる（11条3節2項）。大統領に対する弾劾手続の場合，最高裁判所長官が弾劾裁判を主宰するが，投票には参加できない。有罪認定には上院議員総数3分の2以上の同意を要する（11条3節6項）。有罪認定の効果は，当該官職からの罷免と共和国の官職への資格喪失にとどまり，刑事責任を問う場合には別途刑事訴追が必要となる（11条3節7項）。

　後述するように，2001年にジョセフ・エストラーダ大統領に対して正式に弾劾手続が開始されたことによって，弾劾のもつ「威力」がフィリピンにおいて広く認識されるようになり，その後の政治過程において弾劾を利用しようとする試みがしばしば生じた。2012年にはベニグノ・アキノⅢ政権下で親アロヨ派とされたレナト・コロナ（Renato Corona）最高裁判所長官が弾劾手続により罷免され，また，2018年にはロドリゴ・ドゥテルテ政権下でコロナの後継のマリア・ローデス・セレノ（Maria Lourdes Sereno）が最高裁判所長官としての任命資格を問われ辞任に追い込まれた（本書第3章参照）。

　このほか，議会と大統領との関係の要となる制度として，議会に設置される任命委員会（Commission on Appointments: CA）がある。憲法は，大統領が一定の官職の任命を行う場合に，任命委員会の承認を必要とすると定める。任命委員会は上院議長を委員長とし，上院議員12人，下院議員12人の合計25人から構成される。委員長は，可否同数の場合を除いて投票権を有しない。委員会は提出されたすべての任命事案につき，提出の日から会期中30日以内に審理を行い，過半数によって決定を下す（11条19節）。このほか議会には国政調査権[11]が認められる。

表1-2　1987年憲法の3条「権利章典」

1973年憲法に含まれていたもの 生命，自由，財産権の保障（1），令状なしの逮捕，捜索の禁止（2），通信の秘密（3），言論，表現，出版，集会の自由（4），宗教の自由と差別の禁止（5），居住，移転の自由（6），結社の自由（7），補償のない収用の禁止（9），黙秘権と拷問等の禁止（12），適正手続の保障・罪刑法定主義原則（14），一事不再理原則（22）
1987年憲法で新設されたもの 自由意思を抑圧する拷問の使用禁止の明示，隠し房，独房，隔離房での留置など監禁の禁止（12 ②），拷問などの被害者とその家族たちに関する補償と復権のための法律の制定要求（12 ④），何人も自己の政治的信条や政治的希求によってのみ拘禁されることはない（18）。

（出所）　筆者作成。
（注）　カッコ内の番号は憲法3条の節を示す。

2-3　人権保障の強化

マルコス政権期において，体制維持のため国軍や警察により反対勢力が弾圧された経験から，1987年憲法では人権保障が強化された。その特徴として，第1に，3条「権利章典」の規定が拡充されたこと（**表1-2参照**），第2に13条「社会正義および人権」が設けられ，そのなかで人権委員会（Commission on Human Rights: CHR）が設置されたことがある。

権利章典に追加された条項のひとつに死刑廃止条項（3条19節1項）がある。ただし，死刑廃止が条件つきであることには注意が必要である。憲法は，「凶悪犯罪を含むやむを得ない理由のために以後に議会が定めないかぎり，死刑は科されてはならない。すでに科された死刑は，終身刑（*leclution perpetua*）に減ぜられる」と定める。議会による死刑制度の復活

---

11) 各議院および各議院の委員会は，適正な手続規則に従って，立法の補助となる国勢調査を行う。各省の長官は，大統領の同意のもと，議院の要請により当該議院に出席し，その省に関係する事項につき聴聞を受けることもあるが，国勢調査のために召喚される者の個人の権利は尊重されなければならない。ただし，国家の安全や公共の利益にかかわると判断され，かつ大統領が書面をもって通告したときは，秘密会にて長官の出席および意見陳述を行わせることができる（憲法6条21-22節）。

を認めている点は，この規定が制定過程における妥協の産物であることを示唆する。実際に，死刑制度の復活を求める動きは憲法制定直後からも根強く，1993年には議会で死刑制度を復活する法律（RA7659）が制定された[12]。この法律は，重罪に死刑を科すため，1930年改正刑法典（Act 3815）および他の特別刑事法令を改正するものであった。実際に死刑は復活したものの，大統領によって刑の執行が猶予される（7条19節）など，その運用には慎重な姿勢が示された事例があり，また，死刑の適用による問題点も顕在化したため[13]，2006年6月に死刑法は廃止された[14]。

13条「社会正義および人権」は，憲法上の政策規定のひとつである。13条1節は，すべての人民が人間として尊重される権利の保障，社会的・経済的・政治的不平等の追放などは議会と国の責務であると定める。具体的には，労働（13条3節），農地および天然資源改革（13条4節），自給自足的漁民の保護（13条7節），都市部の土地改革（13条9節），健康増進のための包括的かつ総合的な施策（13条11節），実効性の高い食品および薬品規制の制度の確立（13条12節），障害者のリハビリテーション，自立，社会統合を目的とする専門機関の設置（13条13節），働く女性の保護（13条14節）といった分野がこれに当たる。

憲法上独立した機関である人権委員会はコラソン・アキノ政権成立後の1986年3月に設置された大統領人権委員会（Presidential Committee on Human Rights: EO8）をその母体とする。人権委員会は委員長および4人の委員からなる。その資格要件として，出生による市民であること，その過半

---

12) フィリピンの死刑復活をめぐる議論については辻本・辻本（1993）を参照。
13) 死刑の適用について裁判所に裁量がない犯罪，つまり，必ず死刑を適用しなければならない犯罪に近親者による強姦が含まれたことには議論がある。この場合，死刑の適用が必須となると，父親による性的虐待の事例において，被害者による告発が父への死刑の宣告を意味することとなり，被害者本人が告発すべきかどうか葛藤に陥るだけでなく，ほかの家族との関係の悪化，その世帯の稼ぎ手である父親の死がその家族にさらなる被害をもたらすといった点が指摘された（Kandelia 2006）。
14) このほか2015年には女性の早期婚姻（premature marriage）を処罰する改正刑法典351条が廃止された（RA10655）。

数が弁護士会の会員であることを要する（13条17節）。人権委員会は，職権または当事者の申立てに基づいて市民的および政治的権利に対する一切の追及を調査する権限および運営基準と手続に関する規則制定権を有し，フィリピン国内のすべての市民および在外フィリピン人の人権保護に必要な法的手段を提供する。とくに，人権を侵害され，または保護を必要とする機会に恵まれない層に，委員会は侵害に対する予防手段と法的扶助を提供する。また，監獄，拘置所，その他の拘禁施設への立入権限や人権の至高性の尊重を増大する（enhance）研究，教育および啓蒙の継続的プログラムの策定および継続も委員会の管轄となる。さらに，人権の伸長および人権侵害の被害者またはその家族への保障の提供のための実効的措置を議会に勧告し，フィリピン政府の人権に関する条約上の義務が遵守されているかどうかを監視することも，その所管事項とされる（13条18節）。

2-4 憲法上の政策指針

1987年憲法のなかには経済・社会政策に関する多くの規定が盛り込まれた。政策規定を憲法に入れることは1935年憲法から始まるが，1987年憲法ではそうした規定が従来の憲法に比べて爆発的に増加した。その背景には，エドサ革命を支えた諸勢力の要求・主張が起草過程において盛り込まれたという事情がある。

2条「原則と国家政策の宣言」では，一般的な福祉の発展（2条5節），健康権（2条15節），生態環境権（2条16節），教育の優先（2条17節），労働者の権利の保障と福利の増進（2条18節），農地改革の促進（2条21節）などが国の責務として明記されたほか，社会改革の主体として非政府団体（NGO）が果たす役割の重要性が強調された（2条23節）。

また，経済政策，社会正義，人権や国民経済など社会生活における国家が果たすべき責務も書き込まれた。12条では「国民経済および財産」のなかにフィリピン人優先など経済ナショナリズムを重視した規定が設けられ，13条「社会正義および人権」，14条「教育，科学技術，芸術，文化およびスポーツ」，15条「家族」などが新設された。これらの規定はその実施のための法律の制定が必要な場合もあるが，自力執行的（self-executive）と解される場合には直接憲法判断の根拠とされることがある（本書第3章参照）。

2-5　憲法改正

1987年憲法は，憲法改正の発議に関して3種類の手続を定める。第1は，議会の議員総数の4分の3の賛成によるものである（17条1節1項）。この場合，議会は代表者議会（constituent assembly）として行為するものとしてとらえられる。第2は，憲法会議（constitutional convention）によるもので（17条1節2項），議会は，3分の2以上の多数の賛成により憲法会議の召集をするか，または総議員の過半数の賛成により憲法会議の召集の問題を選挙民に問うことができる（17条3節）。第3は，人民による直接の発議であり，これは1987年憲法によって新設されたものである。人民発議の場合は，全国の有権者総数の少なくとも12％以上およびすべての選挙区において有権者の3％の署名を集めることが必要とされる。人民による発議は，憲法の効力発生から5年間は禁止されるほか，その後は5年に1度に制限される（17条2節）。また，発議の実施方法は議会が定めるとする（17条2節）[15]。いずれの手続による場合にも，最終的には国民投票（plebiscite）による過半数の承認が必要とされる（17条4節）。

次節でみるように，1987年憲法に対しては，コラソン・アキノ政権時代から，幾度となく憲法改正が試みられてきた。

第3節　1987年憲法体制の展開

1987年憲法体制のもとで，その理念やプログラムを具体化するための法整備はどのように進められてきたのであろうか。また，憲法は，政治過程や経済運営においてどのような役割を果たしてきたのであろうか。本節で

---

15) 後述するように，人民発議による憲法改正の試みは，ラモス政権期およびアロヨ政権期にあったが，最高裁判所はいずれも違憲と判断した（Gatmaytan 2011）。

は，憲法を軸にフィリピンの政治・経済の変化に留意しながら，歴代政権ごとに憲法をめぐる論争や憲法規定の具体化のための法整備の流れを概観する。とくに，憲法の規定との関連性が高い立法や，それぞれの政権期において政策課題として注目され，または論争となった立法を主としてとりあげることとする。ただし，必ずしも各分野における立法を網羅的に扱うものではない。

3-1 コラソン・アキノ政権（1986～1992年）

革命政権として樹立されたコラソン・アキノ政権は，新憲法の制定および承認によってその正統性を確保した。1987年7月27日に新議会が招集され，政権発足から1年5カ月で正規議会が始動することになった。しかし，軍将校らによるクーデタ未遂事件が繰り返されるなど，政権の安定化には多くの時間が必要とされた。コラソン・アキノ政権下では国軍改革が優先課題となり，この改革は憲法規定に従い[16]，1988年頃から進められた（野沢・浅野 1989, 321-322）[17]。

国内治安維持のための法整備も模索され，1989年12月に起きたクーデタ未遂に対応して，非常事態宣言と大統領への治安維持のための授権を内容とする法律（RA6826）が制定された。また，1990年1月にはクーデタ未遂調査委員会が設置されたほか（RA6832），同年10月には，反乱，クーデタの首謀者等に保釈が認められない終身刑を科すことなどを内容とする改定刑法典の改正（RA6968）が行われた。

---

16) 憲法は，「文民の権威は，つねに軍に優越する。フィリピン国軍は，人民と国の擁護者である。その目標は，国の主権および国家領域の保全を確保することにある」（2条3節）とする。軍の規律を強化するため，憲法16条一般規定のなかに，高官優遇の廃止を目的とする軍のプロフェッショナリズム・適正な報酬の強調，国軍の党派政治からの隔離（16条5節3項），政府所有会社における現役軍人雇用の禁止（16条5節4項），退役軍人の役務の延長の禁止（16条5節5項），参謀総長の任期3年の制限（16条5節7項）に関する規定がおかれた。また，軍上層部の不正除去のため，資産報告の対象に軍の将官も含められた（11条17節）。

17) たとえば，マルコス政権は身内びいきにより軍からの忠誠を得てきたため，定年を過ぎた居座り将軍の解任は政権の支持基盤を覆すことになり容易に進まなかったが，国軍改革の推進により退任が進んだ（野沢・浅野 1989, 321-322）。

コラソン・アキノ政権期には1987年憲法の規定を具体化するための多くの立法が行われた。たとえば，地方自治の分野では「1991年地方政府法典」（RA7160）が制定されたほか，憲法が予定する南部フィリピンのムスリム・ミンダナオと北部ルソンのコルディリェラ地方といった2つの自治地域（autonomous region）の発足に向けた取り組みが進められた。1989年には8月に制定されたムスリム・ミンダナオ自治地域組織法（RA6734）に基づき，住民投票がフィリピン南部の13州9市で実施され，そのうち賛成多数の4州を対象とした自治地域ARMMが成立した（本書第4章参照）。他方，コルディリェラ地方については，1989年のコルディリェラ自治地域組織法（RA6766）に基づいて住民投票が行われたが，賛成多数となったのはイフガオ州のみであったため，自治地域は成立しなかった。

　多くの大地主を抱えるフィリピンでは，農地改革も社会開発の推進のための重要課題となる。国は，包括的な農村開発と農地改革を進めなければならないと宣言されており（2条21節），「国民経済および財産」について定める12条でも，政府は国内および外国市場において競争力ある産業を通じて，健全な農業開発および農地改革に基づく工業化と完全雇用を促進しなければならないとされる（12条1節）。また，13条「社会正義と人権」では農場労働者には正当な労働の対価および報酬を受けとる権利があるとされ，農地改革を通じて農民の権利保護を進めていく重要性が確認された[18]。これらの規定の実現をめざした法令として，「1988年包括的農地改革法」（RA6657）（2009年改正，RA9700）がある。

　労働分野では「1974年労働法典」（PD442）が改正され，1989年新労働関係法（RA6715）が成立した。本法により，労使関係委員会の権限が強化されるとともに，労使間の労働協約の期限を3年から5年に延長する措置がとられた。また，1989年11月には在外フィリピン人労働者（Overseas Filipino Workers: OFW）などに旅行税の免除など優遇措置を提供するバリクバヤン（Balikbayan［帰国移民］）プログラムを提供する法律が制定され

---

[18] 農地改革についてはコラソン・アキノ自身がタルラク州に大農園を抱える大地主の一族出身であるため，積極的に改革を断行できなかったという経緯がある。

た（RA6768）。

　さらに，喫緊の課題である外資導入のための法整備として，投資優遇措置を整備する「1987年包括投資法典」（EO226）が暫定憲法のもとで制定されたほか，「1991年外国投資法」（RA7042）（1996年改正，RA8179）でネガティブリスト方式による出資比率制限などの範囲が定められた。このほか，経済開発の分野では民間企業の協力のもとインフラストラクチャー整備を進めるため，1990年7月に他のアジア諸国に先駆けて「BOT法」（RA6957）が制定され[19]，同年9月には従価税から重量税への変更を定めた歳入法典改正（RA6965）が行われた。

　1987年憲法のもとでの最初の政権であったコラソン・アキノ政権期には，さまざまな分野で立法作業が着手され，実際に多くの関連法の整備が進められた。とくに，国民統合，治安維持，社会改革，経済発展といった課題の解決に向けた努力が行われたが，国民生活のなかで経済政策の実効性が実感されることは少なく，課題の多くは次政権のラモスに引き継がれることとなった。

　1987年憲法の制定を担ったコラソン・アキノ政権期においても，すでに憲法改正を求める議論は始まっていた。コラソン・アキノ政権期の下院議長は，執行府が立案した政策が議会で立法化される際に骨抜きにされることへの懸念を表明し，政治的安定を図るために，憲法改正を通して政府形態を一院制の議院内閣制に変更するよう提案して両院合同委員会の設置を検討した。この動きに対しては，そもそも議院内閣制は成熟した政党制度を前提とし，かつ，強力な官僚制度のもとで機能しなければ成功し得ないとの反対意見が出された。また，改正が政治体制の変更のみにとどまらず，地主層の反発の強い農地改革や外国の軍隊・基地の禁止などに関する条項を廃止する途を開きかねないとの懸念も示されたため，議論が議会で

---

[19] フィリピンはアジアで最初にBOT手法を活用した国として知られる。BOT手法が用いられた例としては，1999年に開通したMRT3号線（マニラ首都圏の都市交通），2008年に開通したSTAR（Southern Tagalog Arteria Road バタンガス州の高速道路），2011年に開通したMetro Manila Highway（マニラ首都圏の高速道路）の整備がある。

具体的に進展することはなかった。

3-2 ラモス政権（1992～1998年）

コラソン・アキノ政権の後継を決する1992年大統領選挙を制したのはマルコス期に国軍参謀次長，コラソン・アキノ期に国防長官を歴任したラモスだった。複数の候補者が乱立したため，ラモスは23.6%という低得票率で辛勝した。ラモス政権は，コラソン・アキノ政権の経済自由化および開放政策を引き継ぎ，経済の回復と発展をめざした。また，引き続き外資誘致の障害となる反政府勢力との和平交渉を進めることによって政治の安定を回復すると宣言した。

前政権が民主化後に表出するようになったさまざまな階層からの利益の調整に翻弄されたのとは対照的に，ラモスは国軍での経験を生かして強いリーダーシップを発揮して議会と行政の協調関係を堅調に保ちながら，重要法案を成立させ，安定的な政権運営を進めた。ラモス期にはLEDACにおける優先重要法案の決定に基づき，歳入の拡大，投資の増大につながる規制緩和が積極的に進められた。経済成長を基盤とした支持率の高さは政権の強みとなった[20]。

経済面では，自由化・規制緩和を目的とした法整備が進められた。この時期に制定された関連法には「1993年新中央銀行法」（RA7653），「1994年外国銀行参入・事業範囲自由化法」（RA7721），「1994年反ダンピング法」（RA7843）（1999年改正，RA8752），「1994年輸出促進法」（RA7844），「1995年経済特区法」（RA7916）（1999年改正，RA8748）がある。とくに，景気の低迷のなかでインフラ整備の遅れに伴う電力やエネルギーの問題に悩まされ続けたことを受けて，「1993年電力危機法」（RA7648）が制定された。

他方，石油産業の自由化は，「1996年石油下流産業規制緩和法」（RA8180）

---

[20] 歴代政権によって，LEDACの活用の程度は異なる。たとえば，エストラーダ政権期に入ると，とくにその後半は大統領が出席して評議会を開催する頻度は少なくなり，優先法案の立法化は停滞していった（川中 2004）。また，アキノⅢは個人のもつネットワークを重視し，LEDACを活用しなかった（2016年9月にNEDAにて実施した筆者ヒアリングより）。

が最高裁判所の違憲判決（本書第3章参照）によって無効とされるなど順調には進まなかった。しかし，ラモスは政権中に同法を修正した「1998年石油下流産業規制緩和法」（RA8479）の制定にこぎつけた。歳入不足脱却のため税制改革も課題になったが，これについては，石油製品の消費税運用規定に変更を加えた1996年石油製品に対する課税形式再編法（RA8184）および「1997年租税改革法」（RA8424）による1977年歳入法典（PD1158）の改正に加えて，「1994年付加価値税（VAT）適用範囲拡大法」（RA7716）（2005年改正，RA9337）および「1994年証券取引税法」（RA7717）（2009年改正，RA9648）が議会を通過し，成立した。

　政府が進めようとする経済政策が最高裁判所の違憲判断を受ける事例が続き，政府と最高裁判所との対立が顕著となったラモス期において，憲法改正を求める主張が顕在化した。ラモス期の下院憲法改正委員会では，執行府と立法府の軋轢を減少させる目的で，一院制および議院内閣制への変更や経済開発を優先するため司法の権限を制限する規定の改正が提言され，法律，とくに経済開発関連法案の迅速な制定を促進する必要性がその理由として強調された。しかしながら，この憲法改正法案には議員の任期条項が入っていたため，上院，野党議員，カトリック教会などは，「改正は独裁政権の復活につながり，議論が政情を不安定にし，経済に悪影響を及ぼし得る」として反対した。実際にマカティ・ビジネス・クラブ等の経済団体が改憲に反対する声明を共同で発表し，カトリック教会とコラソン・アキノが主導した改憲反対集会に約60万人の市民が集合するなど，議会以外の場においても反対の声は大きかった。それでも，改正推進派は「改革，近代化，行動のための国民発議」（PIRMA）という市民団体を通してCOMELECに改憲発議請願を申請し，改憲運動を進めようと試みた。しかし，最終的には，最高裁判所が人民による発議については，それを実施するための手続規定を定めた関連法がまだ制定されていないとして，実質的には実行不可能な状態にあるとの判断を示したため，議論は下火になった[21]。

---

21)「サンチアゴ対選挙委員会」事件（Santiago v. COMELEC, G.R. No. 127325, March 19, 1997）。

3-3 エストラーダ政権（1998～2001年）
(1) **概要**

　貧困層対策を最優先課題に掲げて選挙運動を進めたエストラーダは1998年の大統領選で39.9％という高い得票率で圧勝した。元俳優で上院議員（1987～1992年），副大統領（1992～1998年）を経て大統領選に当選したエストラーダの最初の課題は自身の政治基盤を強固にすることであった。このため，就任後は選挙の論功行賞として行政機関におけるラモス前政権の勢力を一掃する一方，議会では多数派工作を通して掌握を試みた。

　エストラーダ政権は短命ではあったが，多くの経済関連法案が議会を通過した。エストラーダはコラソン・アキノ，ラモスといった旧来の政治エリートとは異なる経歴や支持層をもつ大統領であったため，新興の経済テクノクラートや革新派などを含む複数のグループが大統領顧問やコンサルタントとして政策立案に参加した。エストラーダ期に成立した重要法案には，「1999年大気汚染防止法」（RA8749），「1999年相殺関税法」（RA8751），「1999年反ダンピング法」（RA8752），「1999年民営化委員会の任期延長法」（RA8758），「1999年公職対策室法」（RA8759）がある。また，2000年代には「2000年小売取引自由化法」（RA8762），「2000年住宅保証公社法」（RA8763），「2000年一般銀行法」（RA8791），「2000年電子商取引法」（RA8792），「2000年車両利用者税法」（RA8794），「2000年証券規制法典」（RA8799），「2000年セーフガード措置法」（RA8800），「2000年インフラ整備事業促進法」（RA8974），「2000年政府インフラプロジェクトへの仮差し止め令禁止法」（RA8975），「2000年専門職規制委員会近代化法」（RA8981），「2001年公正選挙法」（RA9006）が相次いで成立した。

　一方で，エストラーダは，実業家エドゥアルド・コファンコ（Eduardo Cojuangco, Jr.）に代表されるマルコスと親しかった「旧勢力」との距離が近かった。そのため，政権発足当初は，イメルダ・マルコス（Imelda Marcos）の有罪判決の撤回，コファンコのサン・ミゲル社会長への就任，マルコス一族の取り巻きである企業家の不正蓄財にかかわる訴訟の取り下げの認容など，マルコス関係者の政治，経済の場への復活を示唆する出来事が目立った（川中・鈴木 1999, 296）。そのうえ，エストラーダ自身が自分に近

しい友人や取り巻きを重視する縁故主義だと批判されるようになり，友人の株不正取引をめぐるスキャンダルが発覚するなど諸問題が噴出するにつれて，高い支持率にも陰りが見え始めるようになった。このほかにも，アブ・サヤフによる外国人観光客誘拐事件や，和平交渉のねじれから生じたモロ・イスラーム解放戦線（MILF）との大規模な武力衝突も不人気の一因となった。

支持率回復をねらうエストラーダは，上級経済顧問評議会（Council of Senior Economic Advisory: CSEA）や経済調整評議会（Economic Coordination Council: ECC）などの経済問題担当機関を新設して経済政策推進への意欲をアピールし，汚職や行政効率の低下を引き起こす要因と指摘された70を超える大統領顧問，補佐官，コンサルタントのポストを削減するなど，汚職問題に対処する姿勢をみせた。しかし，支持の回復にはつながらず，大統領支持率は低下する一方であった。

(2) エストラーダ大統領に対する弾劾手続

2001年のエストラーダに対する弾劾手続はフィリピン史上初めて大統領に対して弾劾が発議された事例である[22]。この事件は，エストラーダが違法賭博の上納金から政治献金を受けたという疑惑の発覚に端を発する。上院は下院からの弾劾発議を受理すると弾劾裁判所を設置して審理を開始した。当時，アメリカにおいてクリントン大統領に対する弾劾手続が行われたため，この弾劾裁判ではアメリカの手続規則が参照された。弾劾裁判所における審議は白熱したものの，疑惑の真相究明に必要なエストラーダの銀行口座情報の開示要求が却下されたことで審議は混迷し，最終判決には至らなかった。真相究明が実現せず，曖昧なままに政治不正が見過ごされることに不満を抱いた民衆がエストラーダの辞任を求める大規模な抗議デモ（エドサⅡ）を起こした。議会主導の弾劾裁判による罷免は実現しなかったが，彼の失脚を通して弾劾発議自体に政権を揺るがす効果があるこ

---

22) 過去には，1949年にエルピディオ・キリノ（Elpidio Quirino）大統領（在職1948～1953年），1963年にディオスダド・マカパガル大統領（在職1961～1965年），1986年にはマルコス大統領に対する弾劾告発状が提出されたがいずれも成立しなかった（村山2003，113）。

とが判明した。この反対運動を受けて支持率が急速に低下したエストラーダは大統領としての職務を継続できなくなり，辞職に追い込まれ，2001年1月，当時副大統領であったアロヨが憲法の規定に則り大統領に昇格した。

(3) **エストラーダ政権における改憲論争**

エストラーダ政権期においても改憲に関する議論が再燃した。エストラーダ政権下の改憲審議の特徴は，土地や天然資源，公益事業，教育機関，メディアなど外国法人の投資に対する制限を撤廃する点に焦点が当てられたことにある。背景には，政権発足以降続く政情不安のために，急速に減少傾向にあった外国からの投資を回復・拡大しようというねらいがあった。また，憲法12条の経済条項が自由化推進を阻む要因として認識されていたこともある。一方で，カトリック教会やコラソン・アキノなどの改憲反対派は，改正の対象範囲が経済等関連条項のみでなく，正副大統領や議員を含む公職の在職期間制限の撤廃にまで拡大される恐れがあると指摘して強い懸念を表明した。エストラーダは，1998年11月に行政命令43号（EO43）を公布して，コラソン・アキノ政権末期からエストラーダ政権初期まで最高裁判所長官を務めたアンドレス・ナルバサ（Andres R. Narvasa）を委員長とする憲法改正準備委員会を設置した。同委員会は1999年12月には自由貿易経済の推進および経済状況の改善に焦点を当てた改憲案を大統領に提出するところまでこぎつけた。しかし，全国各地で憲法改正に反対する集会が相次ぎ，さらなる支持率低下を懸念したエストラーダは憲法改正を見送らざるを得なくなった。

3-4 アロヨ政権（2001〜2010年）

エストラーダの失脚を受けて大統領に就任したアロヨは，第9代大統領のディオスダド・マカパガル（Diosdado Macapagal）を父にもつ伝統的な政治家一族の出身で，1998年の総選挙ではトップ当選で副大統領に選出された。1987年憲法は大統領の在職期間を1期（6年）に限定するが，副大統領から昇格したアロヨの1期目は4年に満たなかったため，次の大統領選への出馬が可能となった（憲法7条4節）。2004年総選挙では，与党連合が上下両院で勝利し，再選を果たしたアロヨは盤石な政治基盤を確立し

た（第2次アロヨ政権）。

想定外の政権交代により成立した第1次アロヨ政権（2001～2004年）は，発足当初，エストラーダの釈放とアロヨの辞任を要求する抗議者が引き起こす政治的混乱の収拾に苦慮した。しかし，アロヨは反乱状態の宣言（state of rebellion）を公布するなど，就任当初より積極的に治安の維持に努めたこともあり，2007年の第2次アロヨ政権への国民からの評価を示す中間選挙では与党連合が多数を確保するに至った。アロヨ政権は，和平交渉，憲法改正，女性の社会的地位の向上，選挙制度改革，経済改革，インフラ整備などの分野に注力した通算9年5カ月にわたる長期政権となった。

アロヨ政権期に成立した重要法案には，「2001年マネーロンダリング防止法」（RA9160），「2003年在外不在者投票法」（RA9189），「2003年人身売買防止法」（RA9208），「1992年子ども虐待・搾取・差別特別保護法」（RA7610）（2003年改正，RA9231），「2004年証券化法」（RA9267），「2004年水質浄化法」（RA9275），2004年の租税控訴裁判所の管轄権の拡大に関する改正（RA9282）などがある。このほか，「2001年電力産業改革法」（RA9136）は電力産業の自由化を進める起爆剤となった。

第2次アロヨ政権（2004～2010年）では，汚職撲滅を中心としたガバナンス強化，貧困対策，国軍・警察の改革が進められ，経済面では雇用創出，財政均衡，インフラ整備が主要政策として重視された。また，フィリピン経済が抱える財政赤字および債務問題も引き続き喫緊の課題とされた。2期目には2004年に租税改革法（RA8424）の改正が行われ，これは一般に酒・たばこ税法（RA9334）と呼ばれる。また，内国歳入局・関税局の徴税能力を高めるための「2005年人員漸減法」（RA9335），「2008年所得税簡素化法」（RA9504），「2008年信用情報制度法」（RA9510）といった法律が成立した。さらに，2006年9月には日本とフィリピンのあいだで経済連携協定が調印され，フィリピン人看護師，介護士を含めた人の移動の促進が合意された（2008年10月批准，同年12月発効）。このほか人権関連では2009年に「女性のマグナカルタ」（RA9710）も制定された。

数々の重要法案を成立させたアロヨ政権であったが，強硬な政治運営を

進めたことでアロヨへの支持率は低迷し，とくに，2004年大統領選挙における不正疑惑やアロヨの親族の収賄疑惑が浮上したことをきっかけに批判が強まった。2009年11月にミンダナオ地方マギンダナオ州で起きた選挙関連の殺人事件の首謀者とされる現地の有力政治家とアロヨが長年協力関係にあったことも批判を強める一因となった。この事件は，互いに対立関係にあるふたつの政治家一族が州知事選挙をめぐって衝突したもので，立候補届提出の途上で，候補者の妻や支持者，マスコミ関係者30人を含む57人が殺害され，実行犯は私兵といわれる（鈴木2010, 288-289; Co et al. 2013, 68）[23]。疑惑の絶えないアロヨに対して，2005年以降，議会では大統領の罷免を求める弾劾請求が毎年提出された。しかし，アロヨを党首とする与党連合が主導権を握る下院で弾劾発議は毎回否決され，弾劾による罷免は実現しなかった。憲法により同一公務員への弾劾請求は1年に1回に制限されており，その規定が足かせとなった（11条3節5項）（鈴木 2006, 316-317; 2007, 308-309; 知花・鈴木2008, 302-303; 川中・鈴木 2009, 286）。

　アロヨ政権期においても憲法改正を進めようとする動きがあった。アロヨは大統領施政方針演説のなかで，憲法改正による一院制，議院内閣制，連邦制導入の必要性を強調し，憲法改正に前向きな姿勢を示していた。憲法改正を推進するおもな理由として，大統領と議会の立法過程における対立の解消に加えて，南部フィリピン紛争の打開のため地方分権改革推進の必要性が表明された。2005年8月，アロヨは行政命令453号（EO453）によりホセ・アブエバ（Jose V. Abueva）元フィリピン大学総長を委員長とする憲法改正諮問委員会を設置した。彼らがまとめた提言には，議院内閣制の導入や連邦制の導入による地方分権化の推進，外資参入規制の見直しが含まれていた（鈴木 2006, 319-320）。

　2006年には憲法改正の進め方をめぐって上院と下院の対立が厳しくなったため，アロヨ政権は約890万人の署名を集めて国民による改正発議を試みた。しかし，最高裁判所は，同署名は憲法が定める発議の要件を満たし

---

[23] フィリピン国内に地方の有力者の私的武装集団は，2010年時点で107組織3779人存在するとの調査結果もある（Rivera 2011, 54）。

ておらず，また，大統領制から議院内閣制への変更や上院の廃止といった政府形態の変更を含む憲法改正は，人民による発議によっては行えないとして棄却した[24]。このほか，下院が進める憲法会議を招集する案も上院などの反対により成功せず（鈴木 2007, 309-310），憲法改正は，政治スキャンダルが絶えなかったアロヨの政治生命の延命措置として利用されるだけにすぎないのではないかという懸念が払しょくされなかったことから，結局，憲法改正は実現しなかった。

3-5 ベニグノ・アキノⅢ政権（2010～2016年）

2010年の総選挙ではフィリピンでは史上初となる自動化選挙が実施された（本書第2章参照）。この選挙を制して第15代大統領に就任したベニグノ・アキノⅢは，1983年に暗殺され民主化運動の英雄となったベニグノ・アキノJr.元上院議員を父に，エドサ革命の象徴となったコラソン・アキノ大統領を母にもつサラブレッドで，国民からの高い人気を誇る人物であった。1998年から下院議員を3期務め，2007年からは上院議員を務めたアキノⅢであったが，就任当初は上院議員時代に1つも法案を通過させたことがない，海外に行くのを好まずパスポートを所有していない，独身のため夜型の生活が中心であるため，はたして肝心の執務を遂行できるのかといった記事がメディアを賑わせた。しかしながら，結果をみると再民主化後の30年間で最も支持率が高く，高い経済成長を実現させた大統領となった（美甘 2011）。

アキノⅢ政権期における重要法案のなかでも，カトリック教会からの反対を受けて長年成立することのなかった「人口抑制法」（RA10354）の成立は画期的な成果であった。この法律により，カトリックの教義上これまでタブー視されてきた避妊に関する情報提供や性教育の実施などを公的医

---

24)「ランビノ対選挙委員会」事件（Lambino v. COMELEC, G.R. No. 174153 & 174299, October 25, 2006）。最高裁判所は，COMELECの決議が最高裁判所の1997年の判決（前掲（注21））に従うもので管轄権の濫用にあたらないとした。また，国民発議による憲法改正は修正（amendments）のみが認められ，改定（revision）は認められないとする解釈を示した。

療機関が行うことが可能となった（鈴木 2016, 335）。このほかにアキノⅢ期の重要な法律としては，「2011年政府系会社・金融公社合理化法」（RA10149），「2012年国軍近代化法改正」（RA10349），「2015年フィリピン競争法」（RA10667），「2014年フィリピン国有鉄道設置法改正」（RA10638），「2012年気候変動法改正」（RA10174）がある。また，税制改革の一環として，2012年に酒・たばこといった嗜好品の増税を内容とする1997年租税改革法（RA8424）および2004年酒・たばこ税法（RA9334）の改正が再度行われ（RA10351），2015年には租税優遇措置管理・透明性法（RA10708）が成立した。規制緩和の分野では，「2011年電力産業改革法改正」（RA10150），「2013年国家電化庁改革法」（RA10531），「2013年外国銀行全面参入法」（RA10641）が議会を通過し，「2014年内国海運法」が成立した（RA10668）。また，通信分野では，「2012年データ・プライバシー法」（RA10173），「2012年サイバー犯罪防止法」（RA10175），「2015年情報通信省設置法」（RA10844）が成立した。さらに，教育・厚生分野では，中等教育を4年から6年に延長する「2013年拡大基礎教育法」（RA10533），職業教育や高等教育との連関を強化する階段的教育プログラムの推進を目的とする「2014年階段的教育法」（RA10647）に加えて，「2012年児童養護法」（RA10165），「2012年国家健康保険法改正」（RA10606），たばこによる健康被害防止のための「2014年図形健康警告表示法」（RA10643）が制定された。

　国内の治安維持および国民統合に関連するものとしては，2014年にはフィリピン政府とモロ・イスラーム解放戦線（MILF）とのあいだで締結された和平合意を具体化するための協定書がある（鈴木 2015）。この包括的和平合意枠組みの達成は，約40年にわたる南部フィリピン紛争に終止符を打つものとして期待された。しかしながら，現行のARMMよりも広い自治を認めるバンサモロ基本法案は違憲性の疑いもあり，アキノⅢの任期中には成立しなかった（鈴木 2016, 328）（本書第4章参照）。

おわりに

　本章では，1987年憲法の制定過程，制度設計の特徴を確認し，1987年憲法体制の30年間でフィリピンの政治社会がどのように変化し，そのなかで憲法や法律がどのようにかかわってきたかを素描した。

　最後に，ドゥテルテ政権は本書の主たる対象ではないが，ドゥテルテ政権下でも改憲論が活発化していることを指摘しておこう。初のミンダナオ出身の大統領となるドゥテルテは，就任当初より地方分権の推進につながる連邦制への制度変更に積極的な姿勢を示し，強い指導力を発揮してすでに政府案はもとより，下院においても草案が準備された。

　しかし，改正手続を進める方式については，いまだ合意をみておらず，上院と下院の合同による憲法議会での合意を基に憲法改正を実現するか，選挙によって選ばれた代表から構成される憲法制定会議を審議の場にするかという点については明らかにされていない。このほかにも，現行の議会によって憲法改正会議を構成し憲法改正を進めることは，長期的な国家や人民の利益よりも，現職議員たちの任期など議員の個別的な既得権益の保護を優先させる危険を招くのではないかとの批判があり，上院から強く反対された。上院が改憲に対してつねに反対の立場をとる背景には，小選挙区選出のもとでの一院制議会への変更は事実上，上院の廃止につながるという事情がある。また，議院内閣制の枠内で議員のなかから首相を選出するとなると，下院議員の影響力が増大するという下院勢力にとっては有利な思惑も指摘される。ドゥテルテに対しては強力な政治基盤を通じて政策を遂行し，構造改革を推し進めてほしいとする国民の大きな期待がある。ドゥテルテの強いリーダーシップをもってすれば，これまでつねに先送りされてきた改憲論議にも進展がみられる可能性がある。今後の展開を注視していきたい。

第2章

フィリピンの選挙制度改革

知花 いづみ・今泉 慎也

はじめに

フィリピンにおいては6年に1度行われる大統領選挙にあわせて，国政および地方レベルの公職の総選挙が一斉に実施される。ロドリゴ・ドゥテルテ大統領が選出された2016年5月9日の総選挙では，全国で1万8079の公職ポストが4万4960人の候補者によって争われた（表2-1参照）。この選挙には海外で就労するフィリピン人を含む約5500万人の登録有権者が，新しい政治指導者に期待して投票した。地域別ではカラバルソン地方の登録有権者数が最も多く，マニラ首都圏，中部ルソン地方がそれに続いた（表2-2参照）。2010年および2013年の選挙の得票率がそれぞれ74.99％，77.57％であったのに対して，2016年の得票率は81.62％まで上昇し，過去最高の投票率を記録した（表2-3参照）（COMELEC 2016）。

2016年総選挙の意義は，投開票の自動化システム（自動化選挙）が全面的に導入された最初の選挙ということにある。過去2回の選挙においても自動化システムが用いられたが，一部の地方自治体で試験的に実施されたにすぎなかったことから，自動集計システムを導入した初の大統領選挙が，大きな混乱なく終えることができた意義は大きい。

3年ごとに行われる国政選挙はフィリピンにおいては国民的なイベントである。マニュアル・カウントと呼ばれた昔ながらの手作業による投票，開票，集計が行われていた時代には，そのプロセスも楽しもうと多くの見物人が夜遅くまで投票所に集っていた。また，開票作業後に投票用紙を選挙箱ごとマニラに送らなければならなかったため，最終的な結果が確定するまでに長期間を要した。たとえば，手作業による集計が行われた2004年の大統領選挙では，当選者発表までに約1カ月半かかった（NDI 2004）。さらに，従来の集計作業は得票数を操作する余地が大きく，選挙における

表2-1　選挙の対象となる公職（2016年総選挙の場合）

職名	任期等	議席数	立候補者数
国政			
大統領	6年（再選なし）	1	6
副大統領	6年	1	6
上院議員	6年	12	50
下院議員* 政党名簿方式	3年	59	115
選挙区		246	637
地方			
州知事	3年	81	276
州副知事		81	207
州議会議員		772	1,824
市長／町長		1,634	4,172
副市長／副町長		1,634	3,806
市・町議会議員		13,532	33,785
ムスリム・ミンダナオ自治地域（ARMM）			
地域知事	3年	1	4
地域副知事		1	4
地域議会議員		24	68
全国合計		18,079	44,960

（出所）　2016年3月にCOMELECにて行った筆者インタビューの資料（Presentation by the COMELEC meeting, on March 28, 2016 on the Pre-Election Assessment Mission）より筆者作成。
（注）　*2018年現在，死亡者4人，辞職者1人，他の政治任命職への異動者3人により8議席減。

表2-2 2016年総選挙における登録有権者数（地域別）

	州	市	町	バランガイ	登録有権者（人）	比率（%）
コルディリェラ地方	6	2	75	1,176	906,162	1.7
イロコス地方	4	9	116	3,265	2,950,775	5.4
カガヤン・バレー地方	5	4	89	2,311	1,920,952	3.5
中部ルソン地方	7	14	116	3,102	6,056,392	11.1
マニラ首都圏		16	1	1,706	6,253,249	11.5
カラバルソン地方	5	18	124	4,018	7,619,272	14.0
ミマロパ地方	5	2	71	1,459	1,589,326	2.9
ビコール地方	6	7	107	3,471	3,121,662	5.7
西部ビサヤ地方	6	16	117	4,051	4,242,153	7.8
中部ビサヤ地方	4	16	116	3,003	4,375,756	8.0
東部ビサヤ地方	6	7	136	4,390	2,698,880	5.0
サンボアンガ半島	3	5	67	1,904	1,931,795	3.6
北部ミンダナオ地方	5	9	84	2,022	2,541,331	4.7
ダバオ地方	5	6	43	1,162	2,659,704	4.9
ソクサージェン地方	4	5	45	1,195	2,086,112	3.8
カラガ地方	5	6	67	1,311	1,547,093	2.8
ムスリム・ミンダナオ自治地域	5	2	116	2,490	1,691,250	3.1
その他特別地域					171,980	0.3
全国	81	144	1,490	42,036	54,363,844	100

（出所）　表2-1と同じ。

表2-3 総選挙における有権者・投票者数の推移

	2010年	2013年	2016年
登録有権者数	50,653,828人	51,345,478人	54,363,844人
2010年度比		1.4%	5.9%
女性比率	49.6%	49.4%	51.6%
確定選挙区（established precincts）	329,714	344,529	369,133
散在選挙区（clustered precincts）	76,134	77,829	92,509
投票所（Voting Centers）	37,418	36,772	36,788
投票所1カ所当たりの有権者	154人	149人	147人
1散在選挙区あたりの投票者（Voters per clustered precinct）	665人	660人	588人
投票率	74.99%	77.57%	81.62%

（出所）　表2-1と同じ。

不正の蔓延は選挙結果や選挙を実施するCOMELECに対する国民の信頼を失わせるものとなっていた。このため，電子選挙制度の導入による迅速かつ円滑な集計作業の実現は，開票プロセスにおける不正を行われにくくするだけでなく，選挙制度，さらには政府の民主的正当性への信頼も強めるものとなった（SWS 2016）。

　本章は，自動化選挙の導入を中心に，再民主化以降の選挙制度の改革を素描しようとするものである。選挙は民主主義の要である。フィリピンでは選挙が実施されるたびに，常に不正操作疑惑が浮上し，それへの対応で混乱が生じていた。フェルディナンド・マルコスによる権威主義的な政権への反省のもとに構築された1987年憲法は，民主的基盤の強化を課題としながら，同時に国民のあいだに多様性を確保することにも配慮するものである。はたして憲法の理念は選挙制度においてどのように実現されてきたのであろうか。

第1節　選挙に関する法と組織

1-1　概要

　フィリピンの選挙制度は，1987年憲法のほか，一連の選挙関連法により規定される。おもな選挙関連法には，①1985年オムニバス選挙法典（BP881），②1991年統一国政地方選挙法（RA7056），③1995年政党名簿制法（RA7941），④2001年公正選挙法（RA9006），⑤2003年在外不在者投票法（RA9189），⑥2007年選挙近代化法（RA9369）などがある。

　オムニバス選挙法典は選挙制度の基本法となるもので，それ以外の法律は特別法に当たる。1995年政党名簿制法は，憲法が定める政党名簿制を具体化するための法律である。これはフィリピンにおける政党制度の新しい展開に焦点を当て，周縁化された社会階層に下院議席総数の2割を割り当てることによって，多様な層の声を議会に反映させることを目的とする。また，2003年在外不在者投票法は，約800万人の国民が海外で就労し，国内消費の下支えとなる海外送金を通して社会に貢献していることにかんが

み，在外フィリピン人労働者（OFW）に参政権を保障するものである。

表2-1は，大統領選と同時に選挙される公職の一覧，ならびに2016年総選挙において実際に選挙が実施された公職と立候補者の数をまとめたものである。国政レベルでは，大統領，副大統領，上院議員，下院議員が直接投票によって選挙される（議会は上院と下院で構成。第1章参照）。大統領の再選は禁止されており，副大統領と上院議員は連続2期（計12年），下院議員は連続3期（計9年）までしか在職できない。上院議員の定数は24人で任期は6年とされ，3年ごとに半数が改選される。2018年現在，下院は各区1議席（いわゆる小選挙区制）から選出される238人と政党名簿方式で選ばれる59人（下院議員総数の20％）によって構成されている（政党名簿方式については後述）。

地方レベルでは，州知事（province governor），州副知事（vice-governor），州議会（provincial board）議員，市（city）および町（municipality）の市長・町長（mayor），副市長・副町長（vice mayor）など，地方議会議員を含む地方選挙職（任期3年）が選出される。ただし，ARMMの地域知事（regional governor），地域副知事（vice governor），地域議会（regional assembly）の議員の選挙は別途実施される（ARMMについては第4章参照）。

2016年総選挙においては，全国の9万2509の投票所において民間IT会社のスマートマティック（Smartmatic）社が開発した9万5317台の票集計機（Voting Counting Machines: VCMs）が採用され，前述のすべての公職を対象に電子投票が実施された[1]。

1-2 選挙委員会（COMELEC）

COMELECは，憲法によって設置される憲法上の委員会（Constitutional

1）2013年中間選挙では36万9133の投票所が設けられた。2016年選挙では，1投票区につき最大800人の登録済み有権者を受け入れられるように，全国に9万2509の投票所が配備された。また，これらの投票所の取りまとめを担当する投票センターは全国に3万6788カ所設置された（http://pia.gov.ph/news/articles/2131460905063 2017年3月12日付プレスリリース）。なお，それまでの選挙ではVCMsではなく，投票用紙自動読取機（Precinct Count Optical Scanners: PCOS）が採用されていた。

Commission）のひとつであり，準司法的および準立法的な機能を付与された独立機関である。COMELECの目的は，自由にして秩序のある公正で平和的かつ信頼のおける選挙を確保することにある。COMELECは，委員長および6人の委員（Commissioner）によって構成され，いずれも議会の任命委員会の承認のもと大統領により任命される。委員の資格要件として，いずれも出生によるフィリピン市民であること，任命時に35歳以上であること，学位を有することが挙げられ，直近のいずれかの選挙において候補者になったことがないことが求められる。また，委員長および半数以上の委員は，フィリピン弁護士会の会員であり10年以上法律実務に従事した者でなければならない。任期は7年とされ再任は認められない（憲法9条C節）。

COMELECは，選挙，発議（initiative），レファレンダム，解職請求（recall）の実施にかかわる法律その他の規則の執行および管理を行い，州および市の公選の公務員の選挙，当選決定，資格にかかわる一切の争訟に唯一の管轄権を行使する。このほかにも，投票所の数や位置の決定，選挙要員としての職員・監視員の任命，有権者登録手続など選挙にかかわる一切の問題を取り扱う権限を有する。また，政党，団体，会派の登録業務もCOMELECの管轄となり，選挙協力を要請する民間組織の認定なども行う。実際の選挙戦では，ポスター等の掲示場に関する制限を設けるなど，選挙費用の軽減に向けた施策を議会に勧告し，詐欺，犯罪，不正行為および立候補者への嫌がらせを含む一切の行為を阻止，処罰するための効果的な政策も提言する。さらに，委員会が任命した雇員が，委員会の命令や決定を無視し，それに服しなかったときは，責めを負うべき雇員の罷免や懲戒処分を大統領に進言する権限も有する（9条C2節）。

COMELECは選挙関連の広範な事項に関する規則制定権を有することから（9条C2節1項），COMELECが発する決議（resolutions），規則（rules and regulations），命令（orders）を含む選挙関係法令は膨大な量となる。そのため，特定の状況においてどの規定が実際に適用されるのかという判断が利害関係者には難しい場合が生じる。たとえば，2016年の総選挙では，選挙ポスターのサイズについて規定違反を問う差し止め論争が起

こり，対抗陣営のあいだで2001年公正選挙法に基づくCOMELEC決議（10049号）の解釈が問題とされた。複数の選挙法令があるなかで，どのような場合にどういった選挙運動が合法的であると認められるのかといったことを知ろうとするならば，候補者側は，関連法令や過去の最高裁判所判決に加えて，COMELECが公布する一連の規則を網羅的に調査し，規制範囲を詳細に把握しなければならない。しかし，それには専門的な法律知識や法的理解が必須となるため，選挙活動が必要以上に煩雑になり，現場での混乱の増長につながる（Azurin 2013）。

COMELECによる規制分野に，選挙資金（campaign finance）がある。フィリピンでは選挙立候補者に対する公的資金扶助は行われていない。そのため立候補者は自力で資金を調達しなければならないが，COMELECが作成する禁止対象となる選挙の資金源のリストには金融機関，政府契約締結者，公務員，軍人，外国人が含まれる。選挙活動資金関連の規則の執行および監督はCOMELECの下部組織の選挙資金事務所（Campaign Finance Office: CFO）が担当する。CFOは選挙運動を通して動く政治献金，とくに支出の規制のメカニズムを2013年の中間選挙以降かなり強化してきた。たとえば，CFOはすべての候補者および政党に対して，選挙実施後30日以内に選挙に関連して受けた寄付および支出をまとめた詳細な申告書（statements）を提出する義務を課している（オムニバス選挙法11条107節）。申告書は，国政選挙については直接CFOに提出され，地方選挙については立候補届を受理したCOMELECの地方支部に対して提出される。

COMELECによって新たに採択された規則を，とくに地方レベルに迅速に周知することも課題となる。COMELECはインターネットを利用した周知徹底を図ると説明するが，2016年総選挙の直前にはCOMELECのウェブサイトがハッキングされ，選挙に関する情報がオンラインで得られないという事件が起きた。

また，COMELECには，大統領の同意を得て，政府機関，国家警察および国軍に対して選挙協力を依頼する権限が認められている。全国規模で実施される選挙には，教育省（Department of Education: DepEd），司法省（Department of Justice）などの諸機関からの支援が必須となる。各投票所

は3人の委員からなる選挙検査委員会（Board of Election Inspectors: BEI）によって管理・運営されるが，その委員の多くは公立学校の教員である。

1-3 選挙監視団

自動化選挙導入後も，投票日には，公認政党や候補者陣営，メディア関係者のみならず，さまざまな超党派・非党派的な選挙監視グループが投票所となる学校に集結し，選挙プロセスの正確さを監視してきた。

選挙監視に関与する市民団体には，憲法9条C2節5項によりCOMELECに市民協力組織を認定する権限が認められる。COMELECの公認を得て選挙を支えてきた代表的な組織に，「自由選挙のための全国市民運動」（National Citizens' Movement for Free Elections: NAMFREL）および「責任ある投票のための教区会議」（Parish Pastoral Council for Responsible Voting: PPCRV）がある。

NAMFRELは，非党派的かつ非政府の任意ベースの監視人たる役割を担う組織であり，おもにカトリック教会とビジネスクラブを中心とするグループによって1983年に設立された。NAMFRELはCOMELECの公認組織として1984年の議会選挙から現在に至るまで選挙監視員（election observer）を各投票所に派遣している。NAMFRELの名が人々に知られるようになったのは，エドサ革命のきっかけとなった1986年選挙の際に全国で約50万人のボランティアを動員して監視活動を行ったことによる。「迅速票集計作戦」（Operation of Quick Count）と名づけられたNAMFRELの活動の中心は，COMELECの公式な開票作業とは別に，平行して非公式の集計作業を行うことであった。野党統一候補のコラソン・アキノと再選をねらうマルコスが激しく対立した1986年選挙において，COMELECは先行してマルコスの勝利を公式に宣言したが，NAMFRELはCOMELECが根拠とした同じ投票所でのNAMFRELの監視員による集計は反対の結果を示していた，と指摘した。民間の選挙監視団はマルコスに退陣を迫るうえで重要な役目を果たしたのである（野沢1987）。

このほかにも，マニラ市イントラムロスに本部を構えるPPCRVが1991年より選挙監視活動を行っている。PPCRVはカトリックの一般信徒を中

心に結成された組織で，全国各地にあるカトリック教会を拠点として各教区の司祭を中心に選挙監視活動を継続している。PPCRVはおもに選挙前の有権者登録および有権者名簿作成の不正操作防止のための確認作業に取り組むほか，有権者教育についても先住民国家委員会（National Commission on Indigenous Peoples: NCIP）と協力して少数派の参政権の保障に努めている[2]。

1-4 選挙審判所

　議員の選挙，再選および資格に関する一切の選挙争訟は，両院それぞれに設置される選挙審判所（election tribunal）が専属的に審判する。選挙審判所はそれぞれ9人の裁判官をもって組織され，そのうち3人の裁判官は最高裁判所長官が指名する最高裁判所判事とする。残りの6人は上院議員もしくは下院議員のなかから選任される。最先任の最高裁判所判事が選挙審判所の議長となる（憲法6条17節）。他方，正副大統領選挙に対する不服申立ては大統領選挙審判所（Presidential Electoral Tribunal: PET）が受理する。この選挙審判所は1985年オムニバス選挙法典（BP884）を根拠とするものである。

　選挙結果に対する不服申立てが選挙審判所で争われた事例に，2007年の上院選挙の「ピメンテルⅢ対選挙委員会」事件がある[3]。本件では改選対象12議席のうち，最後の12位の当選者の有効性が争点とされ，当時グロリア・マカパガル・アロヨ陣営に属していたフアン・ミゲル・ズビリ（Juan Miguel Zubiri）の得票数に関して，マギンダナオ州での約2万1000票が不正に操作されたとして，アキリノ・ピメンテルⅢ（Aquilino Pimentel Ⅲ）が選挙無効の訴えを提起したものである。当初，ピメンテルⅢは最高裁判所に提訴したが，最高裁判所はズビリの当選を宣言したCOMELECの決定を支持してピメンテルⅢの訴えを退けた。ピメンテルⅢはその後，同訴

2）2016年3月にCOMELECにて実施した筆者によるインタビュー調査より。
3）「ピメンテルⅢ対選挙委員会」事件（Pimentel Ⅲ v. COMELEC, G.R. No.178413, March 19, 1997）。

訟を上院選挙審判所（Senate Electoral Tribute: SET）に持ち込み，審理の継続を求めた。同審判所がCOMELECに開票および集計作業のやり直しを命じたところ，同一人物が署名したとみられる投票用紙が約4万7000枚存在し，集計から除外すべきだった無効票が30万票ほど含まれていたことが明らかとなった。これにより，上院選挙審判所は，選挙実施から4年後の2011年にピメンテルⅢがズビリに25万8000票以上の得票差で当選したと認めた。この決定を受け，任期半ばにして，ズビリに代わりピメンテルⅢが晴れて第12議会フィリピン上院議員に正式に選出されたことが宣言された（知花 2012）。

第2節　電子選挙制度の導入

次に，1987年憲法のもとでの選挙制度改革において最も重要なものとなった自動化選挙について概観する。

自動化選挙の導入は，1992年にCOMELECがModex作戦（Operation Modex [Modernization and Excellence]）と銘打ち，選挙プロセスの現代化を中長期的目標としたことに端を発する。COMELECは1993年に選挙の現代化に関する調査を専門家に依頼し，票集計機器（canvassing equipment）の供給業者としてアメリカ企業を選定し，契約締結まで進めようとした。しかし，自動化選挙関連の法律が議会を通過しなかったため，契約は見送られた（Schaffer 2009）。

フィデル・ラモス政権下の1997年には，1998年総選挙を見据えて，自動化選挙法（RA8436）が議会を通過した。しかしながら，COMELECの資金不足により十分な準備ができないことを理由に，新制度の導入はラナオ・デル・スル州，マギンダナオ州，スルー州，タウイタウイ州を含むミンダナオ地域に限定された。

投開票の自動化に関する準備はその後も着々と進められ，COMELECは2003年に登録有権者のデジタル写真，指紋，署名を含む情報を集積したコンピュータ・データベースの開発を開始した。しかし，このときはソフ

トウェアの不適合という痛恨のミスが発覚したため，システムは完成に至らなかった。次の2004年5月選挙ではアロヨの再選が争点とされたが，アロヨが選挙の自動化を結果の不正操作に利用する可能性があるという疑念が指摘され，新制度の導入は再び見送られることになった。このため，2004年大統領選挙は従来の手作業による投開票に基づき実施されたが，後日，選挙結果の不正操作を疑わせるアロヨと選挙委員長の会話を録音したテープの存在が発覚し，政権を揺るがす政治スキャンダルへと発展した（知花・鈴木 2005）。こうした選挙不正疑惑の頻発は自動化選挙の導入を促す原動力となり，市民のあいだでは電子選挙制度の導入によって不正行為の余地が狭まることが期待された。

　全国規模での自動化選挙が初めて実現したのは，ベニグノ・アキノⅢが圧勝した2010年総選挙であった。要となる電子投票機器については，2009年7月の競争入札に応札した7社のなかから技術的要件を満たし，応札価格が最も低かったロンドンに本部をもつIT企業のスマートマティック社がハードウェアおよびソフトウェアの供給業者に選定された。新制度の導入にあたっては，地方で頻発する停電がシステムに悪影響を与えるのではないか，集計結果がマニラにあるCOMELECのメイン・コンピュータに適切に送信されないのではないか，内蔵されるSIMカードの改ざんによって大規模な不正が発生するのではないか，といったインフラやシステム管理の脆弱性などが引き続き不安視された。また，マークシート方式による投票用紙の利用に際し，不慣れな有権者によって多くの無効票が発生するのではないか，といった人為的なミス（human error）も危惧された。さらに，選挙検査委員会（BEI）の訓練不足により，当日の投票所における混乱発生の可能性などを含めて，選挙直前まで選挙自体の延期や従来の手作業による集計の必要性を指摘する声が上がっていた[4]。しかし，実際には投票日に多少の混乱は生じたものの，選挙の正当性に影響を及ぼすような深刻な問題は起きず，投開票の過程は実にスムーズなものとなった（Azurin 2013）。選挙の自動化は2013年中間選挙においても継続して実施さ

4）2016年3月にCOMELECにて実施した筆者によるインタビュー調査より。

れたが，とくに支障は生じなかった。

　その後の2016年総選挙では，むしろ投開票作業が速やかに進み，投票日の翌日には新大統領の当確が発表されるという画期的な結果をみせた。自動化選挙の導入は，選挙プロセスの不正の排除を可能とし，また，結果の正確さを通してCOMELECに対する市民の信頼が回復するという相乗効果を生んだのである[5]。

　今後も自動化選挙の継続を望む声は多いが，いくつか問題も残されている。第1は，全国規模の自動化選挙を可能とするための十分な予算をCOMELECが継続して確保できるかという点である。第2は，COMELECが投票用紙の自動読み取り機のシステム開発に関して民間会社であるスマートマティック社に全面的に依存していることから，技術的専門性が欠如しているCOMELECにチェック機能を期待できるのか，という点である。後者については，COMELECは不作為抽出による投票内容の監査（random manual audit）および並行して手作業による開票，集計作業（a parallel manual count）を実施することによって，投票用紙読み取り機のみに頼ることなく選挙結果を複眼的に検査していく方法が対応策となり得るとしている[6]。

第3節　政治参加の拡大のための取り組み

　フィリピンでは，政治参加の拡大のためのさまざまな制度や政策が策定，実施されている。憲法が定める在外投票制度のほか，女性，障害者，先住民など少数者の政治参加の拡大のための制度や政策がそれに該当し，いくつかの分野ではその具体化のための立法が進展した。

5）世論調査においても，COMELECに対する市民の信頼度は2015年のマイナス6ポイントから2016年にはプラス12ポイントに急上昇した。COMELEC教育・情報部プレス・リリース参照（https://www.comelec.gov.ph/php-tpls-attachments/2016NLE/PressRelease/06Oct2016pr.pdf　2016年10月6日）。

6）2016年3月にCOMELEC本部にて実施した筆者によるインタビュー調査より。

表2-4　在外フィリピン人有権者数および投票率の推移

	2004年	2007年	2010年	2013年	2016年
在外有権者総数	359,269人	504,124人	589,830人	737,759人	1,376,067人
増加率（前年比）		40.32%	17.00%	25.08%	86.52%
投票者数	233,137人	81,731人	153,323人	118,823人	432,706人
投票率	64.89%	16.21%	25.99%	16.11%	31.45%

（出所）　表2-1と同じ。

3-1　在外不在投票制度

世界有数の労働力送り出し国であるフィリピンは，海外に多くの自国民が居住しており，その数は約800万人に上る（2015年，フィリピン外務省統計）。多額の仕送りを通して存在感を示してきた在外フィリピン人にも政治参加の機会を保障することは重要政策のひとつであるほか，主要政党は海外のフィリピン人も票田ととらえて，その取り込みに力を入れている。

憲法は，議会に在外投票のための制度整備を義務づけている（憲法5条2節）。この規定を実施するため，2003年に在外不在者投票法（RA9189）が制定された。この在外投票制度は，国政レベルの選挙のみに投票を認めるもので，具体的には正副大統領選挙，上院選挙，政党名簿制に基づく下院議員選挙が対象となる。

在外投票制度は2004年の総選挙より運用が開始され，これによって在外フィリピン人にも政治参加の機会が等しく保障されるようになった。COMELECは選挙を実施するにあたり，在外不在有権者（Overseas Absentee Voters: OAV）のために，2014年に9000万ペソ，2016年には1億9300万ペソの予算を確保した（在外投票の協力機関である外務省の予算は除く）[7]。在外フィリピン人の登録有権者総数は2004年の約36万人から2016年には約140万人に急増し，その増加率は86.52%であった。ただし，投票率は2004年の64.89%から2016年には31.45%と半減しており，実際に在外公館へ足を運ぶ有権者はそう多くはない（**表2-4**参照）。

---

[7] http://www.dfa.gov.ph/dfa-releases/12036-overseas-voter-registration-sets-new-record 参照（2018年10月10日最終アクセス）。

2016年の総選挙では，外務省の協力を得て約70カ国で在外投票が実施された。85カ所の在外公館で行われた投票は，本国での選挙日の1カ月前に当たる4月9日より開始され，5月9日午後5時に締め切られた。登録有権者数が多かったのはUAE，レバノン，カタール，サウジアラビア，クウェート，バーレーン，イスラエルを含む中東地域の約59万人で，それに香港，マレーシア，日本，韓国，シンガポールを含むアジア太平洋地域の約34万人が続いた。このほか，北米・南米地域では約28万人が，欧州は約16万人が有権者登録を行った（表2-5参照）。なお，この登録有権者には海上生活を送る船員も含まれる。

　機械による読み取り方式の投票用紙を用いての投票は，北米，欧州，アジア太平洋，中東の30の投票所で実施された。ただし，在外フィリピン人有権者が郵便投票を希望した場合は，機械による読み込みができない手書きの投票用紙を用い，26の投票所で期日前投票を受け付けて集計結果に加えた[8]。

　国内における不在者投票制度も整備されているが，これは軍人，警官，学校教員，メディア関係者など選挙当日に公務に当たる政府の職員および雇員を対象とするものである。原則として，該当者は期日までに有権者登録を済ませなければならず，名簿に名前が記載されている者しか利用できない。これは不在者投票が選挙不正に用いられることが多いためである。2016年の総選挙では，4月27日からの2日間にCOMELECが指定した場所で不在者投票が実施され，期日前に票集計が行われた[9]。

3-2　政党名簿方式と少数者の政治参加
(1)　ジェンダー

　1987年憲法は2条「原則および国家政策の宣言」で国家建設における女性の役割を認め，法の下における男女の基本的平等を保障することを宣言

---

8) http://www.cfo.gov.ph/~comfil/news/from-overseas-filipinos/3086-1-38-million-overseas-voters-in-2016-comelec.html参照（2018年10月12日最終アクセス）。

9) http://newsinfo.inquirer.net/735115/local-absentee-voting-set-on-apr-27-to-29（2018年10月12日最終アクセス）。

表2-5 在外フィリピン人有権者（地域別）

(単位：人)

地　域	陸上勤務	船　員	登録有権者
アジア太平洋（香港，マレーシア，日本，韓国，シンガポール）	334,224	10,633	344,857
欧州（UK，スペイン，イタリア）	138,724	22,963	161,687
中東・アフリカ（UAE，レバノン，カタール，サウジアラビア，クウェート，バーレーン，イスラエル）	590,503	3,331	593,834
北米・南米（USA，カナダ，グアム）	263,277	12,412	275,689
合　計	1,326,728	49,339	1,376,067

（出所）　表2-1と同じ。
（注）　2016年1月12日当時。

している（2条14節）。また，2009年には「女性のマグナカルタ」（RA9710）が制定され，政府の意思決定および政策形成を含む社会のすべての場面で，女性の社会参加と公平な代表制を奨励することは国の責務であることが確認された。なお，フィリピンが1979年12月に女性差別撤廃条約（Convention on the Elimination of All Forms of Discrimination against Women: CEDAW）を他のアジア諸国に先駆けて批准したことは，フィリピンのジェンダーの分野における先進性を示すものであったといえる。

　女性の政治参加の促進の面で注目されるのは，下院における政党名簿代表制が女性を含む少数者の政治参加を促すことも含めて制度として設計され，運用されていることである。憲法は，「この憲法の承認後の連続3期については，政党名簿代表に割り当てられた議席の半分は，法律の定めるところにより，宗教部門を除く，労働，農民，都市貧困者，固有文化共同体，女性，青少年およびその他法律で定める部門からの選出または選挙により充当される」（6条5節2項後段）と定める。また，必要な法律が制定されるまでのあいだ，大統領は，部門別代表に留保された議席を，各部門の指名された者の名簿から任命することができるとの規定もある（18条7節）。これらに基づき，現行憲法制定後の1987年，1992年，1995年の選挙においては，各部門別の代表が選出された。

1998年選挙以降，政党名簿方式によって選出された下院議員は，1995年政党名簿制法（RA7941）に則り，通常選挙の手続に基づいて選出されてきた。この方式で議席を得るには有効投票総数の少なくとも2％を獲得することが必要であり，また，各党に配分される議席は3議席を上限とする（1995年政党名簿制法11条3項（b））。本制度は，あくまで少数者の政治参加の機会促進を前提とするため，主要政党は政党名簿リストに登録することはできない。部門別代表の在職期間を三期のみに限定するという意見も出たが，最高裁判所は主要政党の参加を認めないとする解釈を支持する判決を下した[10]（Gutierrez 2010）。このようにフィリピン下院における政党名簿代表は，比例代表制と部門（セクター）別代表の考え方が組み合わされたものである点に特徴がある（Gutierrez 2010）。政党名簿比例代表は，日頃疎外され，過小評価されがちな市民たちが国政レベルの政治的恩恵を受けられるように，彼らの意見を立法過程に反映させるため下院議員としての選出枠を設ける制度である[11]。

　フィリピンはこれまでにコラソン・アキノ，アロヨといった女性の大統領を輩出してきた。2015年に世界経済フォーラムが発表したジェンダーギャップ報告書（Gender Gap Report）によると，フィリピンにおける女性の社会進出度（political empowerment）は世界で17位，アジア域内では3位であった。2016年総選挙で当選した女性議員の割合は21.4％（国政選挙職28.8％，地方選挙職21.4％）となっており，1998年に16.15％，2004年に16.63％，2010年に18.56％，2013年に19.92％であったことから着実に増加傾向にあることがわかる。議会（第17議会）では，上院24人中6人，下院238人中68人，政党名簿制選出議員61人中18人が女性議員であり[12]，議会

---

10)「BANAT党対選挙委員会」事件（Barangay Association for National Advancement and Transparency (BANAT) v. COMELEC, G. R. No. 179271 & 179295, July 8, 2009)。
11)「国は，登録された全国的，地域的，分野別の政党もしくは組織またはその連合体の政党名簿制を通じて下院議員選挙における比例代表を促進する。それは，周縁化され，かつ代表されていない部門，組織および政党に所属し，明確な政治代表を欠くが，国全体に有益で適切な立法の形成および制定に貢献し得るフィリピン市民が，下院議員になることを可能とするものである（後略）」（政党名簿制法2条）。

の女性議員の割合は28.48％となる。2016年総選挙では，内務自治大臣在任中にヘリコプター事故で急逝したジェシー・ロブレド（Jesse M. Robredo）の妻レニ・ロブレド（Maria Leonor Gerona Robredo）が自由党の公認候補として副大統領選に立候補し，当選を果たして話題を集めた。

(2) 先住民の参加

政党名簿による比例代表制の対象者には固有文化共同体（indigenous cultural communities）に属する先住民も含まれる（憲法6条5節2項）。憲法は国家の連帯と開発の構造に関連して先住民の権利を認め，先住民の経済的および社会的権利を確保するために，固有文化共同体がその文化，伝統および制度を保存し発展させる権利を尊重しなければならないと定める。国は，国家計画および政策の策定において彼らの権利に配慮しなければならないが（14条17節），この規定を具体化するための施策はまだ十分に進んでいないのが現状である。

ラモス政権期の1997年に「先住民権利法」（RA8371）が議会で可決された。本法では，先住民が自らのコミュニティ内で継続的に慣習法を適用することが認められ，先住民にとって自治権は固有の権利であることが確認された。また，辺境に追いやられやすい先住民は地方から国政まですべてのレベルにおける意思決定に参加する権利を十分に保障される必要があるため，1997年先住民権利法（RA8371）16条で定める地方立法評議会（Local Legislative Council: LLC）に先住民セクターから代表者を立てることを原則とする義務的代表制（compulsory representation）を採用することが2010年の内務自治省の覚書119号で確認された。

2016年総選挙の登録有権者約5400万人のうち，先住民による有権者登録は全体のわずか0.18％の約10万人であった（表2-6参照）。たとえば，選挙後に成立した第17議会の下院には政党名簿制に基づき選出された議員が59人いるが，先住民代表としては全国先住民行動連合（National Coalition

---

12) https://www.comelec.gov.ph/?r=2016NLE/Statistics/2016NumberofCandidatesElectedCandidates/NumberofElectedCandidatesbyPartyAffiliationPerElectivePositionByGender（2018年2月18日最終アクセス）。

of Indigenous Peoples Action: ANAC-IP) が1議席を獲得したのみで, 選挙に候補者を出したミンダナオの「フィリピン部族共同体協会」(Tribal Communities Association of the Philippines: TRICAP) は議席を得られなかった。先住民議員が少ない理由のひとつに, 先住民の居住地は有権者登録を行うCOMELEC地方支部や実際の投票所から遠距離にあり, 選挙に関連する情報の入手や投票所への地理的アクセスが困難なことが挙げられる[13]。

(3) 障害者と選挙

1987年憲法は, 障害者の権利保護にアジアで最も早く取り組んだ憲法である。13条「社会正義および人権」では, 健康増進のための包括的かつ統合的な施策を講じることが国の責務とされ, 疾病者, 老人, 女性, 子どもに加えて障害者も優先的保護を受ける対象に含まれることが明記されている (13条11節)。国は, 障害者のためリハビリテーション, 自己開発およ

表2-6 有権者の年齢別構成, 先住民, 障害者の有権者数

年齢	有権者数 (人)	比率 (%)	先住民 (人)	障害者 (人)
18-19	3,048,777	5.6	11,466	4,725
20-24	7,983,146	14.7	18,146	12,731
25-29	7,368,799	13.6	11,335	10,420
30-34	6,333,374	11.6	10,925	16,968
35-39	5,764,454	10.6	9,849	21,415
40-44	5,100,654	9.4	8,677	23,655
45-49	4,680,205	8.6	7,618	26,420
50-54	4,025,162	7.4	6,164	27,229
55-59	3,366,510	6.2	5,052	27,208
60-64	2,595,567	4.8	3,756	29,147
65歳以上	4,097,196	7.5	6,776	118,095
合計	54,363,844	100	99,764	318,013
有権者数に占める比率			0.18	0.58

(出所) 表2-1と同じ。

---

[13] 2016年3月にCOMELECにて実施した筆者によるインタビュー調査より。

び自助，社会の主流（Mainstream）への統合を促進する特別機関を設置しなければならず（13条13節），市民教育，職業的効率性およびその他の技能の研修もあわせて提供する責務を負う（14条2節）。

　しかしながら，これらの規定は国の政策目標を定めるのみで，現状をみると障害者の権利保障は十分であるとは言い難い（森 2010）。こうした憲法の政策的規定を具体化するため，1992年に制定された「障害者のマグナカルタ」（RA7277）では，雇用，教育，公的サービスへのアクセスなど諸分野における権利保護が重視される。また，2008年には障害者権利条約（Convention on the Rights of Persons with Disabilities）が批准された。

　障害者の投票について憲法は，「議会は，障害者および識字能力のない者が，他人の援助なしに投票できる手続を設計しなければならない。それまでは，かかる者は既存の法律およびCOMELECが投票の秘密を保護するために制定する規則に従って投票することが認められる」（5条2節）と定める。

　また，「障害者のマグナカルタ」は，7条「政治的市民的権利」で，障害者は，国政または地方選挙における投票の際に，自ら選択する支援者を通して補助を受けることができると規定する。COMELECはこの選択をした者に対して障害者有権者（disabled voter）のための投票用紙を準備し，支援する者は投票の内容を公表しない旨誓約書を提出し，不正操作を行わないよう投票者の指示に厳格に従って投票用紙に必要事項を記入しなければならない。この規定に違反した場合は選挙犯罪（election offense）とみなされる。また，憲法は，COMELECに対して，国政および地方選挙期間中に障害者が容易に投票所にアクセスできるようにしなければならないと定める（7条29節）。この規定を受けて，議会は2013年に障害者および高齢者にとってアクセスが容易な投票所を有する選挙区設置の認可権をCOMELECに付与する法律（RA10366）を制定した[14]。本法により，選挙の際は投票所を地上階に設置すること，支援者，介護者，車いす利用者

---

14) Act Authorizing COMELEC to Establish Precincts Assigned to Accessible Polling Places Exclusively for Persons with Disabilities (PWDs) and Senior Citizens (RA10366, 2013).

を含めて少なくとも10人の有権者を収容する投票所を確保しなければならないことが定められた。

おわりに

　フィリピンにおいて3年に1度実施される選挙は市民生活に大きな影響を与える。とくに，州や市レベルの地方選挙の結果は庶民の生活に密接に影響するため，誰が首長に選ばれるかは人々の重大な関心事となる（川中2005）。これまでフィリピンの選挙といえば，選挙期間中に，政治家一族のあいだの熾烈な対立関係によって暴力事件や殺人事件が引き起こされることが指摘されてきた（本書1章参照）。現在でも選挙のたびに重点警戒州が指定され，銃火器類の携帯禁止措置がとられるなど国家警察を中心に治安の維持が図られる。

　フィリピンにとって，自由かつ公平な選挙の実施は民主主義の自発性と健全性を制度的に保障する役割を果たすとして期待されてきた。画期的だった2010年の自動化選挙におけるコンピュータシステムを通じた選挙結果のデータ送信技術の導入は，手作業による開票集計作業により生じる時間的なコストの削減や人為的ミスを減らし，平和で秩序ある選挙（peaceful and orderly election）の実現を可能とした。選挙過程における透明性の確保は，政治への信頼回復を促すひとつの要因となると同時に，フィリピンに対する国際社会からの信頼度も高めるものとなった。

　また，再民主化後に制定された憲法は，女性，障害者など少数者のエンパワーメントの一環として政治参加の拡大を重視し，議会におけるセクターの代表枠の確保や，少数者の投票環境の改善などを含む選挙手続の改革に関するプログラムを定める。このように，選挙に関しては各領域において憲法上のプログラムの具体化が漸進的ではあるが着実に進められてきた。もっともこうした改革が実現した背景には，当事者運動による強い働きかけが存在した（森2017）。選挙制度にまつわる憲法上のプログラムは，当事者運動のいわばバックボーンとしても機能してきたといえるだろう。

第3章

フィリピンの司法化

知花 いづみ・今泉 慎也

はじめに

違憲審査制は，19世紀にアメリカ連邦最高裁判所で確立された制度で，いまや世界の憲法の約8割が違憲審査制に関する規定を有する（Ginsburg 2003）。フィリピンが受容したアメリカ型違憲審査制は，19世紀に判例法として形成されたもので，個別具体的な事件に付随して，立法や行政機関の行為の合憲性を審査するものである。フィリピンでは最初の1935年憲法において明文化され，フェルディナンド・マルコス政権期の1973年憲法，そして現行の1987年憲法へと引き継がれた。とくに民主化以降，フィリピン最高裁判所は違憲審査権を積極的に行使し，政府が進めようとする政策に必要な立法や行政措置を違憲と判断する事例が増加したことから，政府と司法との対立が鮮明になった。この点については，個々の判断の妥当性が問題にされるだけでなく，より根本的な問題，たとえば，民意に基づく機関でない裁判所が，選挙された政府の決定を覆すことや，あるいは経済の専門家ではない裁判官が経済政策を判断することの是非を問う議論も生じた（知花 2005）。

他方，司法府の政治的な影響力は違憲審査権の行使の場面だけにとどま

らない。1986年以降，最高裁判所は，政治危機が生じるたびに新しく成立した政権の正統性を保障する役割も果たしてきた。1986年のエドサ革命によって政権の座についたコラソン・アキノの大統領就任宣誓が，最高裁判所長官の立会いのもとで執り行われたことはその最たる例であろう。

　2001年の政治危機においても，最高裁判所は同様の役割を果たした。これは当時のジョセフ・エストラーダ大統領の政治献金疑惑が大統領弾劾発議へと進展したものである。弾劾審理は混迷し，最終判決に至らなかったが，曖昧なままに不正が見過ごされることに不満を抱いた民衆による抗議デモを受けて，エストラーダは大統領としての職務を継続できなくなり，当時副大統領であったグロリア・マカパガル・アロヨが憲法の規定に則り大統領に昇格した（第1章参照）。

　アロヨの大統領就任宣誓もエドサ革命のときと同様にヒラリオ・ダビデ（Hiralio Davide Jr.）最高裁判所長官の立会いのもとで行われ，再び法の番人である最高裁判所が新政権の正統性を保障する構図が市民に示された。しかしながら，政権発足当初は，マニラ首都圏で将校らによるホテル立て籠もり事件が起こるなど，アロヨの大統領昇格に対する抗議行動が頻発した。また，エストラーダ自身も，自分がまだ大統領職にあることの確認を求めて最高裁判所に訴え，民衆蜂起による公職追放に関する法的な制裁措置が憲法には規定されていないことを理由に，アロヨの大統領昇格は憲法に違反すると主張した。しかし，最高裁判所はエストラーダが実質的に辞任した状態にあったため，アロヨが憲法規定に従って大統領に就任したとしてその訴えを棄却し，アロヨの大統領就任を認める判断を示した。また，最高裁判所は判決のなかで，コラソン・アキノ政権は革命政権であるとの認識を示す一方，アロヨ政権は憲法手続に従って成立したと認定し，革命政権としての性格を認めなかった（村山 2003）[1]。

　政治過程や政策形成に司法が与える影響が拡大していく現象は，「政治の司法化」（Judicialization of Politics）と呼ばれる（玉田 2017）。司法化をめぐる研究には，民意に基づく政府に対して民主的基盤を欠く裁判所が優位

1）「エストラーダ対デシエルト」事件（Estrada v. Desierto, G.R. 146710-15, March 2, 2001）。

するのをどう理解するか（「反多数派支配主義の難点（Counter-Majoritarian Difficulty）」と呼ばれる），さらには立憲主義と民主主義の緊張関係をどうとらえるかといった根本的な問題も含まれる。

　先行研究はフィリピンの司法化を理解するためのいくつかの理論を提供する。東アジア諸国の憲法裁判所を検討したギンズバーグは，司法の権限強化（empowerment）が進む理由を説明するために保険理論（insurance theory）を提示した。それによると，将来，権力を失うことを予想する権力者は自らの権力が失われた後の自己利益を守るために，司法の権限強化を試みるとされる（Ginsburg 2003）。また，ハーシュルは政治エリートにとっては，司法エリートの権限強化は必ずしも自分の利益侵害につながるものではなく，自らの覇権の維持につながる可能性もあり得ると説く（hegemony preservation thesis）（Hirschl 2004）。フィリピンの憲法学者ガトマイタンは，ギンズバーグの保険理論は見立てを少し変えることでフィリピンの状況によくあてはまると主張する。ガトマイタンは，1987年憲法の起草者は，選挙によって政治にかかわろうとした人たちではないことを指摘し，むしろ将来選挙によって選ばれる政治家によって1987年憲法に具現化されたエドサ革命がめざした社会改革の理念が骨抜きにされることを危惧して，司法にその番人としての役割を期待したのだと説明する（Gatmaytan 2011）。

　1987年憲法の起草過程においては，司法府の独立性の確保と司法によるほかの2権力のチェック機能の強化が重視された。背景にはマルコス権威主義的体制下において，司法が必ずしも法の番人としての役割を果たさなかったという教訓がある（知花 2005）。1987年憲法のもとで高い独立性を保障された最高裁判所は，積極的に違憲審査権を行使する傾向にあった。たとえば，1990年代のフィデル・ラモス政権期には，政府の経済自由化政策に必要な立法を無効とする司法判断が出された（知花 2005）。それまでフィリピン最高裁判所では，政治に委ねられるべき領域については司法判断を控える「政治問題の法理」（political question doctrine）の適用が認められていたが，1987年憲法のもとではその適用範囲は著しく縮減された（Tan 2009）。このほかに，憲法改正発議や和平交渉関連の覚書の有効性など，政治的に重要な事項に対して司法判断が示された事例もある（本書第

1章，第4章参照)。

　他方，ギンズバーグは，司法の影響力の拡大にともない，司法に対する政治からの圧力が高まる可能性を指摘する (Ginsburg 2003, 77-81)。裁判官による司法判断に不満を抱く政府やほかのアクターは，不本意ながらも粛々と判決を受け入れるとは限らず，それを無視するだけではなく，積極的な立法によって司法判断の方向性に変更を加えようと試みることもある。政治家は，裁判官の任命過程への関与を深め，弾劾裁判による罷免などの手段で司法の力を弱体化させることもできる。これらはすでにフィリピンにおいてみられる現象であり，後述するように，2011年には弾劾裁判によって最高裁判所長官が罷免された。

　本章は，フィリピン最高裁判所によって違憲審査制が拡大した制度基盤の概要と，それに対して政治の側からどのような反応が生じているかという2つの側面から，フィリピンの司法化を読み解こうとするものである。第1節では，違憲審査制に関する1987年憲法の制度設計を検討するほか，最高裁判所が法解釈を通じて，たとえば納税者たる地位など訴訟の間口を幅広く認定できるような判例理論を生み出すことで，司法審査の対象範囲が拡大されてきたことに焦点を当てる。第2節では，司法の影響力の拡大に対して，政治の側から司法をコントロールしようとする動きが強まることの事例として，アロヨ政権下における最高裁判事任命とその後のベニグノ・アキノⅢ政権における最高裁判所長官に対する弾劾事件について考察する。

第1節　フィリピンにおける違憲審査制の基盤

1-1　1987年憲法の制度設計
(1)　司法の義務

　司法権は，最高裁判所および法律により設置される下級裁判所に属する (憲法8条1節)。これは1935年憲法および1973年憲法の規定と変わらない。

　司法府は，最高裁判所を頂点とする4つの層から構成される (図3-1

第3章　フィリピンの司法化

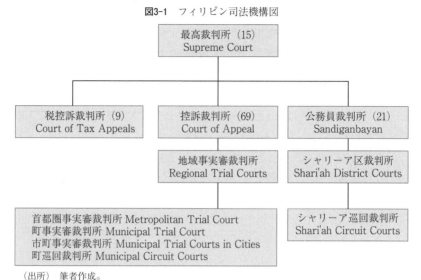

図3-1　フィリピン司法機構図

（出所）　筆者作成。
（注）　上位裁判所についてはカッコ内に裁判官の定数を示した。

参照）。最高裁判所を第4層とすると，控訴裁判所（Court of Appeals）[2]とそれと同格の租税控訴裁判所，公務員裁判所のサンディガンバヤン（Sandiganbayan）[3]が第3層に該当する。事実審裁判所は，第2層に当たる地域事実審裁判所（Regional Trial Courts）と，第1層に当たる首都圏事実審裁判所（Metropolitan Trial Courts），市事実審裁判所（Municipal Courts in Cities），町事実審裁判所（Municipal Trial Courts）に分けられる。このほかイ

2）控訴裁判所は1935年に創設された（Commonwealth Act No. 3）。1980年司法改組法（Judiciary Reorganization Act: BP129）では，名称が「中間上訴裁判所」（Intermediate Appellate Court）に変更されたが，1986年改正で元の控訴裁判所に名称が戻された（EO33, 1986）。控訴裁判所は，裁判所長（presiding justice）および68人の陪席裁判官（associate justice）により構成され，いずれも大統領により任命される（同法3節）。

3）サンディガンバヤンは，汚職など公務員による犯罪を含む刑事事件を扱う反汚職裁判所である。サンディガンバヤンは，マルコス政権下の1973年憲法に基づき設立され，1987年憲法でも維持・強化された（11条4節）（村山 2002, 136）。その組織・権限については，1978年の大統領令1066号およびその改正法により定められる。サンディガンバヤンは，裁判長および14人の陪席裁判官で構成される（同法1節）。

67

スラーム法（シャリーア）を適用するシャリーア裁判所（Shariah Courts）が司法府の一部として存在する。

　最高裁判所は，首席裁判官（Chief Justice　以下では長官）と14人の陪席裁判官（Associate Justices）により構成される。なお，憲法は両者をあわせて成員（Members）という呼称を用いるが，本書では判事を用いることとする。最高裁判所は，大法廷または小法廷（3人，5人もしくは7人の裁判官で構成）により裁判を行う（8条4節1項）。

　旧憲法の1973年憲法と比較した場合，現行憲法における違憲審査制はどのような制度設計上の特徴をもつのであろうか。まず注目すべき点は，司法権の内容を明確にする規定が新たに設けられたことである。憲法は，「司法権には法的に請求可能かつ執行可能な権利を含む現実の争訟を解決し，政府の各部門または関連機関の側の管轄権の欠如または踰越に相当する重大な裁量権の濫用の存否を判断する司法裁判所の義務を含む」（8条1節）と定める。この規定は，アメリカ法に由来する事件・争訟性（cases and controversies）の要件または司法判断可能性（justifiability）を表明するものである。フィリピンはアメリカで発展した違憲訴訟に関する判例理論を多く受け継いでおり，争訟性の具体的な要素として，原告適格ないしは訴えの利益，事件の成熟性（ripeness），ムートネス（mootness）といった諸要件も取り込まれた。

　司法権に関する規定の画期的な点は，司法判断が裁判所の「義務」として再定義されたことにある。この規定の意義は，第1に，執行府や立法府の権限にかかわる事項についても，違憲問題が提起されるかぎり，それに対して違憲審査を行うことが憲法の番人としての裁判所の義務であるとして，裁判所が積極的に違憲審査権を行使する理論的支柱となっており，実際に判決のなかでも義務であることがしばしば言及されてきた。それを端的に示すのが，政治問題の法理の縮減であろう（Tan 2009）。この法理は権力分立制に基づくものであり，議会，大統領または政治過程（つまり人民）に委ねられるべき問題について司法がその判断を控える根拠とされてきた。しかし，1987年憲法のもとで最高裁判所は，かつてならば立ち入らなかった領域についても，憲法規定に抵触する問題が存在するかぎり，義

務として司法判断を示した。

さらに、フィリピン最高裁判所は、違憲審査が「義務」であることを背景に、違憲審査権の行使の前提となる原告適格などの要素についても「リベラルな解釈」を主張する。もっとも、原告適格の緩やかな解釈、たとえば、市民、納税者たる地位に基づく訴えを認めることは、アメリカの判例のなかにも見出すことができるが、1987年憲法下において最高裁判所はそれを格段に広げる傾向が顕著である（Tan 2009）。たとえば、最高裁判所は扱われる争点が「超越的重要性」（transcendental importance）を有する場合、争訟性ないしは司法判断可能性にかかわる諸要素を技術的な問題にすぎないとして、訴えを認めることもある（Tan 2009, 888-893）。これについては後述する。

(2) **違憲判断の要件**

1987年憲法の制度設計としてもうひとつの注目すべき点は、違憲判決を出すために必要な同意する裁判官の人数の要件を緩和したことにある。憲法は、①「条約、国際協定もしくは行政協定または法律の合憲性にかかわるすべての事件」、②「大統領令、布告、命令、指令、条例またはその他の規則の合憲性、適用または効力に関する事件」を含む、③「裁判所規則により、大法廷による審理が要求されるすべての事件」について、「当該事件の争点の評議に実際に加わった判事で、かつそれに投票した者の過半数の同意により決定されなければならない」（8条4節2項）（傍点筆者）と定める。

従来の憲法では3分の2の多数の同意が求められていた。たとえば、1973年憲法は、「条約、行政協定または法律の合憲性を含むすべての事件は、最高裁判所大法廷において審理および裁判に付されなければならず」、また、条約、行政協定または法律は、「少なくとも10人の判事の同意なしには違憲と宣言されない」と定めた。また、大法廷で取り扱われる事件で違憲判断を示す場合は、少なくとも15人中8人の判事の同意を要するとされた（73年憲法10条2節2項）。そもそも、この最高裁判所の違憲判断に3分の2の多数を要求するルールは1935年憲法にも盛り込まれていた（35年憲法8条10節）。これはアメリカ統治期にフィリピン側がフィリピン人裁

判官の数を増やすため,1930年に最高裁判所の定足数を11から15に増員したのに対して,アメリカ当局がフィリピン最高裁判所を牽制するために規定したものであった(Agabin 1997, 177-178)[4]。この違憲判断を下すための基準の厳格性は,マルコス期の戒厳令下で制定された1973年憲法の効力が争われた事件で,最高裁判所が違憲判決を出すまでには至らなかったことにも影響を及ぼした。その反省が1987年憲法における要件の緩和へとつながり,最高裁判所が積極的に違憲判断を下すことを可能にするひとつの根拠となった(Castro and Pison 1993)。

(3) **令状管轄権**

最高裁判所の権限は,憲法8条5節に列挙される(**表3-1**)。その内容は1973年憲法の規定を踏襲するものも多いが,違憲審査制との関係で注目すべきは,「移送令状,禁止令状,職務執行令状,権限開示令状および人身保護令状の請求に対する第一審管轄権を行使する」(8条5節1項)という規定である[5]。最高裁判所が違憲審査権を行使する事件には,これらの令状に基づき訴えが提起された事件が多くみられる[6]。令状管轄権は,

---

4) フィリピン大学元法学部長のパシフィコ・アガビン(Pacifico A. Agabin)は,フィリピンの試みは,その後アメリカのルーズベルト大統領が,ニューディール政策を優位に進めるため,アメリカ連邦最高裁判所の定員増を行い,自分に有利な裁判官を送り込んだ「コート・パッキング」(court packing)の先駆けになったとする(Agabin 1997, 177-178)。
5) 1973年憲法5条5節1項もほぼ同じ文言であったが,1935年憲法では8条2節で移送令状と誤審令状(writ of error)が規定されていた。
6) 裁量上訴(certiorari)とは,上訴を受理するか否かが上訴を受ける裁判所の完全な裁量にかかる場合をいい,最高裁判所への上訴はこの令状によるのが通常である(田中1991, 134)。各令状の詳細については以下のとおり。
 禁止令状(writ of prohibition):「裁判所または司法的機能を行使する機関がその管轄を超えて行為することを禁止するため」上位裁判所が発給する令状(田中1991, 673)。
 職務執行令状(mandamus):「法律上ある公的職務を行う義務を負っている者がその職務を行わないときに,その履行を命じる令状」(田中1991, 538)である。
 権限開示令状(quo warrant):「いかなる権限によってその職務等を行うかを明らかにすべきことを命じるもの」とされる(田中1991, 693)。
 人身保護令状(habeas corpus):「違法な拘束を受けている疑いのある者の身柄を裁判所に提出させる令状」裁判所が合法性を審査し,違法と判断すれば,直ちに拘束を解き,その者を自由にする。(田中1991, 398)。

イギリス法の国王大権に由来するもので，ほかのコモンロー系の国々で司法が積極主義的な司法審査権を行使するための基盤とされてきた。

8条5節に基づき最高裁判所に規則制定権が付与される点は1973年憲法と同様であるが，その対象として，「憲法上の権利の保護および執行」が加えられたことが特徴的である。たとえば，2007年に最高裁判所はアンパーロ令状（Writ of Amparo）規則を導入した。アンパーロは，スペイン，

表3-1　1987年憲法における最高裁判所の権限・管轄権

8条5節　最高裁判所の権限
1　大使その他の使節および領事に影響する事件，ならびに移送令状，禁止令状，職務執行令状，権限開示令状および人身保護令状の請求に対する第一審管轄権を行使すること。
2　法律または裁判所規則の定めにより，上訴または移送令状に基づき，つぎに掲げる事件における下級裁判所の終局判決および命令の審査，変更，破棄，修正または支持。 （a）条約，国際協定もしくは行政協定，法律，大統領令，布告，命令，指令，条例または規則の合憲性または有効性を争うすべての事件。 （b）租税，賦課金，負担金もしくは通行税またはそれに関連して科せられた罰金の適法性がかかわるすべての事件。 （c）下級裁判所の管轄権を争うすべての事件。 （d）終身刑またはそれより重い刑罰が科せられるすべての刑事事件。 （e）法律の誤りまたは法律問題のみがかかわるすべての事件。
3　公益が要求する場合に，下級裁判所の裁判官を他の拠点に臨時に配置すること。ただし，かかる臨時の配置は，当該裁判官の同意なしに6カ月を超えてはならない。
4　司法過誤を回避するため，裁判施設または裁判地の変更を命じること。
5　憲法上の権利の保護および執行，すべての裁判所における弁論，実務および手続，弁護士登録，統一弁護士会，ならびに社会的弱者への法律扶助にかかわる規則を制定すること。かかる規則は，事件の迅速な処理のための簡易かつ低廉な手続を定め，同一階層のすべての裁判所について統一的であり，ならびに実体的権利を縮小，増大または修正してはならない。特別裁判所および準司法機関の手続は，最高裁判所が不許可とされないかぎり，その効力を有する。
6　公務員法に従い，司法府のすべての官吏および被用者を任命すること。
6節　最高裁判所は，すべての裁判所とそのすべての職員に対して，行政監督権を有する
11節　下級裁判所判事に対する懲戒権

（出所）　筆者作成。

ラテンアメリカ諸国でみられるもので，公権力による憲法上の権利の侵害に対する救済手段として，司法審査の範囲を広げるものである[7]。

憲法は，議会が立法により8条5節に列挙される最高裁判所の管轄権を奪うことはできない（8条2節）と定め，議会の立法により骨抜きにされることを防いでいる。なお，1987年憲法ではこのほかにも司法の独立を強化するための制度改革が行われた。この点については第2節で検討する。

1-2 経済条項と違憲審査
(1) 政策的規定

1987年憲法のもとで違憲訴訟が拡大したもうひとつの理由に，1987年憲法の政策的規定の多さがある（Tan 2009, 893-899）。具体的には，2条「原則および国家政策の宣言」，12条「国民経済および国民遺産」，13条「社会正義および人権」，14条「教育，科学技術，芸術，文化およびスポーツ」，15条「家族」など国が従うべき指針やプログラムを定める規定がその多くを占め，それらの規定のなかに新たな権利[8]や司法判断の基準をみつけることが可能である（Tan 2009）。訴訟当事者の視点からみれば，違憲訴訟を提起するために自分の主張の根拠になりそうな規定が憲法のなかに多く存在することになる。

政策やプログラムを定める憲法規定に基づき違憲審査が認められるか否かを判断する場合に鍵となるのが，当該規定が「自力執行的」（self-executive）かどうかという点である（Agabin 1997, 185）。自力執行的な規定は，

---

[7] 最高裁判所のアンパーロ令状規則1節は，「公の官吏もしくは被用者または私人もしくは団体の違法な行為または作為により，生命，自由および安全に対する権利を侵害されまたはその脅威を受ける者」に対する救済と定義する（Section 1 of the Rule of Writ of Amparo）。たとえば，国軍・警察が不明者の身柄拘留を否定した場合でも，裁判所は事件に関する捜査，情報の提供，身柄の提出，目撃者の保護を関係者に命令することができる（日下 2017, 59）。

[8] たとえば，「オポサ対ファクトラン」事件（Oposa v. Factoran, G.R. No. 101083, July 30, 1993）で，最高裁判所は「均衡的かつ健康的な生態系に対する権利」を認めた。なお，同事件は納税者訴訟として提起されたが，「まだ生まれていない世代」にも原告適格を認めたことでも注目された（Tan 2009, 893）。

それを実現するための特別な立法を必要としない。つまり、当事者は憲法上の権利を直接に裁判所において援用することができる。一方、一般的な原則しか定めていない規定は自力執行的ではないので、それを実施する法律がない場合にはその憲法規定に基づき訴えを提起することができない（Agabin 1997, 185）。自力執行的とされる基準を緩やかに解釈する場合には、違憲訴訟の間口は格段に広がることになる。

違憲判断の根拠とされたことで大きな論争を呼んだのが、いわゆる経済条項と呼ばれる憲法12条「国民経済および国民財産」の諸規定である。後述の判例においては国民経済および国民財産を対象とする権利、特権およびコンセッションを付与する場合、国は、有資格のフィリピン人を優先しなければならない、と定める憲法12条10節2項が援用された。この規定は「フィリピン人優先の原則」（Filipino First Policy）とも呼ばれた。

経済条項は、そもそも第8代大統領のカルロス・ガルシア（Carlos P. Garcia）政権（在職1957～1961年）期に提案された「フィリピン人優先の原則」に由来するもので、これはかつての宗主国アメリカの国益よりも内国民であるフィリピン人の利益を優先することを表明するものであった。国民党（Nationalista Party）の党首でもあったガルシアは、緊縮財政政策と包摂的な民族主義政策を政権の優先課題として掲げて、自国経済に対する外国の影響を少しでも低減するための方向性を模索した（Bernas 1995）。

1935年憲法は、13条「天然資源の保全および利用」のほかに、2条「原則の宣言」のなかで「社会正義の促進」を盛り込むなど、さまざまな政策理念を憲法のなかに内包していた。1973年憲法は、10条「国民経済および国民国家の家産」を設けたほか、2条「原則の宣言および国家政策」として経済政策・社会政策に関する規定を拡充した。これらの規定を踏襲したうえに、新たな規定を加えた1987年憲法では政策規定はさらに増加した。

民主化後に当たるコラソン・アキノ期とラモス期には、マルコスによる権威主義的体制期に停滞し続けた国家経済を再建するために経済改革の必要性が認識され、行政府主導による自由主義的経済政策が推進された。

この時期の代表的判例には、歴史的建造物であるマニラ・ホテルの株式売却の有効性が争われた1997年「マニラ・プリンス・ホテル対公務員保険

機構」事件[9]，石油産業の規制緩和は外資系企業の市場独占につながり，憲法の独占禁止規定に反するとして争われた1997年「タタッド対エネルギー長官」事件[10]，民営化政策の一環として進められたニノイ・アキノ国際空港第3ターミナル建設契約の有効性が争われた2003年5月の「アギャンJr.対フィリピン国際空港ターミナル社」事件[11] などがある（知花 2005）。

マッカーサーも滞在した戦後の独立時の象徴ともいえるマニラ・ホテルに関する事件は，コラソン・アキノ政権下において民営化政策の一環として実施された株式の外資系企業への売却が，憲法が定める「フィリピン人優先の原則」に反するか否かが争点となった事例である。当時，マニラ・ホテルの株式は政府の公務員保険機構（Government Civil Service Insurance: GCSI）系企業によって所有されていたが，公開競争入札の結果，マレーシア系企業が第一落札者となった。しかしながら，入札に敗れた企業が「マニラ・ホテルはフィリピンの歴史的建造物に該当し，文化的遺産の生きた証拠としての価値を有するため憲法12条に定める国民財産に該当する」と主張して，外資系企業への株式譲渡はフィリピン人優先の原則を定める憲法に違反すると最高裁判所に訴えた。最高裁判所は，まずマニラ・ホテルが憲法上保護しなければならない国民財産に該当するかどうか検討してそれを認めたうえで，マニラ・ホテルの株式譲渡は国民財産に関する権利の譲渡に該当するとして，12条10節により，株式譲渡は無効であると判示した（知花 2005, 141-143）。

(2) 原告適格の拡張

フィリピンの違憲審査制は，アメリカの違憲審査制におけるさまざまな判例理論を受容しており，それは憲法規定において明文化されただけでなく，フィリピン最高裁判所の判例のなかでも展開されてきた。前述したと

---

9) Manila Prince Hotel v. GSIS, G.R. No. 122156, February 3, 1997.
10) Tatad v. Secretary of the Department of Energy, G.R. No. 124360 & 127867, November 5, 1997.
11) Agan, Jr. v. Philippine International Air Terminals Co., Inc., G.R. No. 155001, 155547 & 155661, May 5, 2003.

おり，司法審査の範囲を画定するうえで，司法判断可能性，原告適格，訴えの利益などの要素はフィリピン最高裁判所の実践のなかに取り込まれた。しかしながら，1987年憲法のもとでは原告適格などの要素は広く解釈される傾向が強い。以下ではその例として，納税者たる地位に基づく訴訟と超越的重要性（transcendental importance）の議論を紹介する（Tan 2009）。

納税者としての原告適格はアメリカ連邦最高裁判所の判決[12]においても認められるが，フィリピン最高裁判所では違憲審査を広く認める方向で活用されてきた。もっとも当初から積極的に活用したとは言い難い。たとえば，1993年の「マカシアノ対国家住宅局」事件[13]で原告は納税者としての原告適格を主張したが，裁判所はその有効性を認めず，むしろ，違憲審査が認められるための基本原則を宣明した。本件では，法律の合憲性を裁判所が審査するための不可欠の要件として，①司法判断の余地がある法的権利の紛争を含む現実の事件または争訟（actual case or controversy）が存在すること，②憲法問題が適格性を有する当事者によって提訴されなければならないこと，③合憲性の問題について訴訟手続の当初に提起しなければならないこと，④憲法問題を法的に解釈することが当該事件の判決に必要であることという基本原則が示され，納税者訴訟として受理することは困難であるとした。

納税者訴訟の対象範囲を拡大したのは，「タタッド対エネルギー長官」事件である（知花 2005, 143-145）。1990年代に入ると，自由主義的経済改革を推進する国際社会からの流れを受けて，フィリピン国内でも規制緩和の必要性が指摘された。規制緩和を含めた経済改革の断行は，政府にとってIMFと締結したスタンドバイ協定に基づく支援を受けるための条件とされた。その実施のひとつとして，当時のラモス政権は石油産業の規制緩和政策を推進し，関連法案として1996年石油下流産業規制緩和法（RA8180）が議会を通過して成立した。同法は石油の輸出入の自由化，自動価格設定機能の導入，石油税の再編などについて定めたものであった。ラモスは，

---

[12] アメリカにおける原告適格と納税者訴訟については，松井（2012, 174-187）を参照。
[13] Macasiano v. National Housing Authority, G.R. No. 107921, July 1, 1993.

1996年石油下流産業規制緩和法の実施細則に当たる行政命令377号（EO377, 1996）を公布して石油産業の全面的な規制緩和を試みた。しかしながら，こうした政府方針に対して，石油産業保護の立場に立つ議員からは強い反対意見が寄せられた。反対派の議員らは，本法および関連行政命令の施行は，既存の大手外資系会社による産業の独占化を招くおそれがあり，「国は公共の利益が必要とする場合は，市場の独占を規制または禁止する」と定める憲法12条19節に抵触するのではないかと主張して，最高裁判所に提訴した。

その際，石油産業保護を支持する反対派の議員らは，納税者の資格で提訴した。訴状を受理した最高裁判所は，まず，納税者の資格で提訴した議員らに訴えの利益はあるのかという点を検討した。そして，本件は広く公益にかかわる事件であるとして，議員が納税者の資格で提訴することを認めた。つぎに，司法は憲法の番人としての役割を担うことを再確認し，行政府による裁量権濫用のおそれがある場合に，その裁量権逸脱の有無を判断することは裁判所の義務であるとの見解を示した。さらに，経済分野には疎い法律の専門家の裁判官が国家レベルの経済政策に対して司法判断を示すことに対する疑義についてふれ，本来，法律の内容は立法府での議論に付されるべきものであるが，法律の合憲性については司法権に基づき解釈するとして，争点とされた石油産業関連法の有効性についても司法判断の対象に含まれるとした。最終的に，本判決は11名中6名の判事の賛成を得て違憲と判断された。2005年に最高裁長官に就任することになるアーテミオ・パガニバン判事（Artemio V. Panganiban）など反対票を投じた判事たちは，少数意見として裁判所が経済政策に対して司法判断を下す行為は司法権の範囲を超えており，政治問題についてはやはり立法府の裁量に任せたほうが賢明なのではないかとの個別意見を残した。

この判決を受けたラモスは，違憲と判断された条項を速やかに改正した「1998年石油下流産業規制緩和法」（RA8479）を成立させ，石油産業の規制緩和政策を推進した。

本件は，立法府で審議を尽くされて成立したはずの法律の内容を不服とした議員が，その法律の有効性について裁判所に納税者の資格に基づき提

訴することを認めた事例としても注目を集めた。この判例によって原告適格の範囲をより広くとらえることが認められ，裁判所が受理し得る訴訟の間口を広く設定することが可能となった。納税者たる地位に基づく訴訟はその後も認められ，同様の事例に，「北コタバト州対政府和平交渉団」事件（第4章参照）[14]がある。

　一般に，アメリカ型の違憲審査制では，具体的な訴訟に付随して司法判断が示されるのが前提となる。それゆえ，原告は当該裁判を争う場合に原告適格ないしは訴えの利益を有することが要求される。ある法律が違憲だと思っても，提訴者に自らの法的な権利・利益がないかぎり，違憲訴訟を提起することができないのが通例である。フィリピン最高裁判所は，納税者たる地位に基づく訴訟を広げることで，公益性をもった訴訟を広く認める余地を生み出した。原告適格の拡張については，以下の点に留意が必要である。第1に，原告適格などの要素を緩やかに解釈することで訴訟の間口を広げたとしても，本案（メリット）では原告の主張を棄却する事例もあることである。第2に，納税者訴訟は私人に広く訴えの利益を認め得るものであるが，それだけでなく上院議員や野党議員が政府の政策や立法を争うために活用することがしばしば起きた。

　後者の点については，大陸法型の憲法裁判所における抽象的規範統制との類似性をみることができる。フランス，ドイツなどの欧州大陸法諸国における憲法裁判所は，通常裁判所が違憲審査を行うアメリカや日本とは異なり，具体的な事件とは関係なしに，議会で可決された公布前の法律案の合憲性を審査する抽象的規範統制を行う権限を有する。また，大陸法型の憲法裁判所においては，議会の少数派が法律案の段階で憲法裁判所に提訴してその合憲性を争い，ときには違憲として無効とすることができる。この意味においても，憲法裁判所は第三院的機能を果たすとの指摘がある（Sweet 2000）。フィリピンにおける議員によって可決された法律に対する違憲訴訟の提起は，大陸法型の憲法裁判所と類似するといえよう。

---

14) Province of North Cotabato v. Government of the Republic of the Philippines Peace Panel, G.R. No. 183591, 183752 & 183893, October 14, 2008.

第2節　司法の独立と最高裁判所長官の弾劾

2-1 司法の独立と裁判官の任命

　1987年憲法の司法の独立に関する規定はどのような特徴をもっているのであろうか。まず注目すべきは，憲法が，司法の独立を確保するため，議会による立法権の行使に一定の制約を課す点である。第1に，議会は，各裁判所の管轄権の明確化，規定および配分を行う権限を有するが，上述のように8条5節に列挙される最高裁判所の管轄権を奪う立法行為は行えない（8条2節）。第2に，立法府は裁判官の身分保障を害する司法府改組法を制定してはならない（8条2節）。第3に，財政自律権を享受する司法府に対して，立法府が前年度に配分された額を下回る歳出予算を割り当てることが禁止される。この場合承認された予算は，自動的かつ定期的に配賦されなければならない（8条3節）。また，裁判官の身分保障としては，最高裁判所判事および下級裁判所の裁判官は，その行状が良好であるかぎり，70歳に達するか，またはその職務の遂行が不可能になるまで在任する（8条11節）。

　司法の独立を確保するうえで，裁判官の選任においても，民主的統制と司法の独立を調整するための制度設計が必要となる。1987年憲法においても裁判官の任命は大統領の権限とされるが，判事の選任において司法法曹評議会（Judicial and Bar Council: JBC）を関与させることで大統領の裁量が狭められている。司法法曹評議会は，職務上の議長たる最高裁判所長官，職務上の委員を務める司法長官（secretary of justice），議会の代表1人，統一弁護士会の代表1人，法学教授1人，退職した最高裁判所判事1人，民間部門の代表1人で構成され，最高裁判所の監督のもとにおかれる（8条8節1項）。

　司法法曹評議会は最高裁判所判事に欠員が生じるごとに，少なくとも3名以上の候補者からなる任命名簿を速やかに作成する義務を負い，この名簿に基づき新判事が選ばれる。大統領による任命は議会や任命委員会の事後承認などを要するものではなく，大統領が単独で行える[15]（8条9節）。

フィリピンの法曹制度はアメリカ法をモデルとしており，いわゆる法曹一元制度を採用するため，裁判官は弁護士会（bar association）に登録する法曹のなかから選任される。メリットシステムをとる日本の裁判所では，いったん裁判官になると裁判所のなかで昇進し，さまざまな裁判所を異動していくことが基本となる。これに対して，フィリピンでは基本的にそれぞれの裁判所のポストについて個別に任命が行われ，一度，判事職についたとしてもそのまま昇進していくわけではない。

　最高裁判所判事の資格要件としては，生来のフィリピン国民であること，40歳以上であること，フィリピン国内において15年以上判事職または法律実務についていたことが求められる（8条7節1項）。こうした適切な能力を有することに加えて，人格面においても，誠実，廉潔かつ独立した者であることも重視される。最高裁判所判事は，定年（年齢70歳）または執務に耐えないと判断される特段の理由がないかぎり罷免されず，その身分は憲法上保障される[16]。

　最高裁判所判事の罷免は弾劾手続によることになる。判事は憲法の有責的違反反逆罪，贈収賄，汚職その他の重大犯罪にかかわった場合，または公的信託に対する背信行為を行った場合に弾劾の対象となり，有罪判決を受けた場合は免職される可能性がある（11条2節。弾劾裁判制度については本書第1章参照）。後述するように，アキノⅢ政権下，史上初の最高裁判所長官の弾劾による罷免が成立しており，続くロドリゴ・ドゥテルテ政権下でも最高裁判所長官の任命資格が問われ，その就任を無効とする裁判が行われた。

　憲法は，裁判官がほかの準司法的または行政権限を行使する機関に任命されないとして兼業禁止を明確にする（8条12節）。ただし，最高裁判所は，公益上必要な場合にかぎり，下級裁判所判事を臨時的にほかの拠点に割り当てさせることができる。この期間は派遣される判事の同意がないか

15）最高裁判所長官および陪席裁判官の任命は，重要裁判の遅滞を回避するためにも，欠員が生じた日から90日以内に行われなければならない（憲法8条4節1項）。
16）下級裁判所の裁判官については，最高裁判所大法廷において投票者の過半数の一致で懲罰を科し，罷免することができる（8条11節）。

ぎりは6カ月を超えてはならない（8条5節3項）。この規定から，裁判官は個々のポストごとに任命されるという制度上の特徴を前提とすることがわかる。

　受け取る報酬の不十分さから，下級裁判所はつねに人員不足に悩まされる傾向にある。訴訟が受理されてもまだ担当裁判官が任命されていない，といった状況に対応する必要から，下級裁判所の裁判官については一定期間ほかの裁判所での勤務が認められる必要がある（8条5節3項）。

2-2「アロヨ・コート」

　1987年憲法においては，上述のような司法の独立と裁判官の身分を保障するための制度が整備された。最高裁判所の長官および陪席裁判官は大統領によって任命されるが，上述したとおり，その範囲は司法法曹評議会が推薦する候補者に限定され，裁判官任命における大統領の裁量は大きく制限されることになった。しかしながら，この制度は大統領の意向が裁判官人事に反映することを完全に排除したわけではない。むしろ，そうしたなかでも最高裁判所人事は，時の政権の方向性を示唆する指針のひとつとされてきた。1986年以降，コラソン・アキノ政権期に7人，ラモス政権期に14人，エストラーダ政権期に6人（このうち半数が女性），アロヨ政権期に14人（Gatmaytan 2017, 64），アキノⅢ政権期に4人，ドゥテルテ政権期に5人の最高裁判事が任命された（2018年10月現在，空席ポスト1）。現在，14人から構成される最高裁長官および判事のうち，2019年には5人，2020年にはさらに2人の判事が定年を迎える。このため，ドゥテルテにはこれから新たに8人の判事を任命する機会があり，2022年6月の任期終了時には最高13名の最高裁判事を任命することになる。

　エドサ革命後に，コラソン・アキノが初めに行ったのは，中央および地方における政府内の人事の刷新を図ることであった。具体的には，就任直後に布告1号を公布し，前大統領によって任命されたすべての公務員に対して辞表の提出を命じた。裁判所も例外ではなく，最高裁判所長官をはじめ，最高裁判所判事が全員辞職した。

　コラソン・アキノ政権下の最高裁判所人事は，元最高裁判所長官1名，

元最高裁判所判事2名，当時の司法長官，前最高裁判所判事1名から構成される任命委員会を中心に進められた。コラソン・アキノは，同委員会によって推薦された候補者のなかからクラウディオ・ティーハンキーを最高裁判所長官に任命した。ティーハンキーは，マルコス権威主義的政権下で司法長官を経験した後，1968年に最高裁判所判事に任命された人物であった。ティーハンキーは，1972年の戒厳令施行以降，最高裁判所がマルコス政権に有利な判決を繰り返すなかで，反対票を投じ続けた人物である。それまで最高裁判所には在任年数が最も長い判事が長官に昇格する年功序列的な慣例があったが，マルコス不支持の投票行動をとったティーハンキーに対しては，長官就任の機会が2度あったにもかかわらず，いずれも見送られてきた。このような経緯から，ティーハンキーの最高裁判所長官への任命を歓迎する声は少なくなかった。1986年の最高裁判所人事で，アバド・サントス（Abado Santos），アメウルフィナ・ヘレラ（Ameurfina Melencio-Herrerra），ネスター・アランパイ（Nestor B. Arampay），ヒューゴ・ギテレス（Hugo E. Guiterrez, Jr.）といったマルコス政権末期に最高裁判所判事を務めていた面々が再任されたのも同様の理由によるものであった。

また，コラソン・アキノ政権の後継に当たるラモスが任命した最高裁判所判事は法律学者1人，民間からの登用2人を除く12名が最高裁判所判事，控訴裁判所首席判事，最高裁判所行政官の経験者で，いわゆる司法キャリアを中心に人事が進められた（図3-2）。エストラーダの場合はその在任期間が約2年半と短期間であったため，6名の最高裁判事しか任命できなかったが，ラモスによる新判事が全員男性であったのに対して，エストラーダは6人のうち5人が司法キャリアで，3人が女性で占められていたことが特徴的である（Gatmaytan 2017, 66）。

このような人事の傾向に若干の変化がみられるようになったのは，2001年1月から2010年6月まで9年5カ月にわたるアロヨ政権期である。アロヨは，司法キャリアに加えて大統領法律顧問経験者や自身の首席補佐官を経験した者なども積極的に登用した。最終的にアロヨは15人中14人の最高裁判所判事を任命するに至り，最高裁判所はもはや「アロヨ・コート」と呼ばれても過言ではないと揶揄されるほどであった。

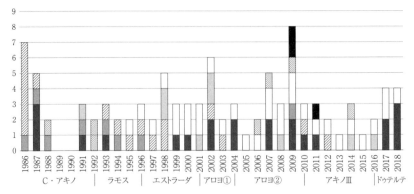

図3-2　最高裁判所裁判官の任命数の推移とおもな職歴

■控訴裁　■弁護士　⊘学者　□政府　□公務員裁判所　▨最高裁事務局　■地裁

（出所）各種資料より筆者作成。

2-3　最高裁判所長官の弾劾事件

　裁判官はいったん任じられると身分保障が認められる。このため，任命権者である大統領であっても，裁判官を恣意的に解任することはできない。憲法は，特定の裁判官を罷免するための手段として弾劾裁判制度を設けており，アロヨの退任後は，弾劾裁判を通じて最高裁判所長官を罷免に追い込む事例がみられるようになった。2012年5月29日，大統領と司法府の対立は，レナト・コロナ最高裁判所長官に対する弾劾事件として顕在化した。これはフィリピンにおいて，最高裁判所長官に対する弾劾が初めて認められた事例となった[17]。以下，コロナ長官罷免に至るまでの政治過程を検討しよう。

　2010年5月，2期務めたアロヨの後継を決する総選挙を目前に，レイナト・プノ（Reynato S. Puno）最高裁判所長官が定年を迎えて退官した。その後任として任命されたのが，アロヨ政権下で大統領首席補佐官を1年5カ月間務めたコロナ最高裁判所判事であった。コロナへの長官の任命はアロヨの任期満了の直前であったため，世論の注目を集めた。この人事の背景には，アロヨが大統領としての任期終了後，自分に対してもエストラーダ前大統領と同様の処遇がなされ，有罪判決を受ける可能性があることを

危惧したという事情があった[18]。予定外の政権交代により大統領に昇格したアロヨは，自分の政権の正統性を強調するため，徹底的にエストラーダの汚職疑惑を追及した。裁判は2007年9月まで続き，エストラーダには終身刑の判決が出された。同年10月，大統領恩赦により公務員裁判所（サンディガンバヤン）はエストラーダに釈放命令を出したが，退任後から6年余りのあいだ，エストラーダが収監状態におかれたことに変わりはない。

　歴代大統領のうちで最も低い支持率を記録したアロヨには，2004年大統領選挙結果の不正操作疑惑に加えて，親族による汚職疑惑などさまざまな政治スキャンダルがあった。そのため，任期終了後のアロヨの去就が注目されたが，2010年5月の総選挙で下院選挙に出馬したアロヨは，パンパンガ州第2区の下院議員として当選し議席を得た。議員には不逮捕特権が付与されるため，現役の政治家として政界にとどまることでエストラーダが受けたような処遇を避けようとしたのである[19]。

　2010年総選挙を経て，第16代フィリピン大統領に就任したのは自由党公認候補のアキノIIIであった。アロヨ政権による腐敗の一掃を公約に掲げて当選したアキノIIIにとって，アロヨ寄りの判事で固められた最高裁判所は政治家の汚職問題を解決するうえで不利となった。アキノIIIは，就任直後に行政命令1号（EO1, 2010）を公布して，公務員の汚職撲滅を目的とする真実究明委員会（委員長はダビデ元最高裁判所長官）を設置した。同委員会にはアロヨの汚職追及にかかわる証拠の収集や評価，証人の確保，調査報

---

17) 最高裁判所長官に対する弾劾手続が発議された事例はそれまでにも存在した。2003年，下院で当時のダビデ最高裁長官に対する弾劾が発議され，この事例では，弾劾発議自体が違憲である可能性があるなら，弾劾訴状の正当性を問うことができるとの判決が示された（「フランシスコ対下院」事件 Francisco v. House of Representatives, G.R. No. 160261, 160262 & 160263, November 10, 2003）。最終的にダビデに対する弾劾発議は「弾劾手続は，同一の官吏に対して，1年の期間内に1回を超えて開始されない」とする憲法の規定（11条3節5項）によって棄却された（Gatmaytan 2017, 217）。

18) 有罪判決が出た後，アロヨはエストラーダに対して恩赦を付与したが，これも支持率低下への対策を含め，将来的な自分の去就を考えてのことだとされた。

19) 2018年現在，アロヨはパンパンガ州第2区選出の下院議員として3期目を迎え，下院議長を務めている。

告書の作成・提出，および訴追の勧告に関する職権が与えられた。しかし，最高裁判所は，「政府機関の新設は立法府固有の権限に該当する」として大統領による同委員会の設置は違憲と判断した。また，最高裁判所は，同委員会の権能は政府高官による汚職追及を担当するオンブズマンの権限に抵触するとして，対象者をアロヨ政権関係者に限定する調査は法の下における平等を侵害するとした。アロヨに関しては，身の安全を確保するために海外に逃亡する可能性があるとも言われていた。そのため，司法省は命令422号を発令してアロヨの出国に制限をかけたが，最高裁判所はこの命令にも一方的緊急差止命令（Temporary Restraining Order: TRO）を出して無効とした。

こうして大統領府と最高裁判所の不協和音が顕在化するなか，下院がコロナに対する弾劾を発議した。その根拠は，コロナの個人資産の虚偽申告を中心とするもので，具体的には，240万ドルの外貨預金の存在が争点とされた。フィリピンでは公職につく者には個人資産状況に関する報告書を毎年提出する義務が課されるが，弾劾発議書では，コロナに加えて家族の銀行口座情報も開示請求の対象に含まれた。

コロナに対する弾劾発議は，「大統領府・議会」対「司法府」という構図を明確にした。コロナを支持する約2万5000人の裁判所職員は，この弾劾裁判は，大統領による司法府と憲法に対する攻撃に当たるとして上院前で反対デモを行った[20]。

一方，下院議員によって構成される検察団は，コロナの非公表の資産報告を資産隠しとみなし，憲法が定める司法府の構成員としての能力・廉潔さ・独立性に欠けるとして違憲性を指摘した[21]。この弾劾裁判では，オンブズマンのコンチタ・カルピオ・モラレス（Conchita Carpio-Morales）も証人として召喚された。公務員犯罪の捜査権を有するオンブズマンが，弾劾裁判とは別にコロナの不正蓄財疑惑を捜査中であったからである。モラレスの証言を通して，コロナ名義の預金口座に総額1000万ドルを超える資産があることが判明し，裁判の争点はコロナが提出した資産・負債・純資産報告（SALN）に未記載の預金があるか否かという点に絞られた。オンブズマンの捜査報告書は証拠として弾劾裁判の場に提出された。

コロナが証人喚問のために初めて弾劾裁判所に出廷したのは，裁判が開始されてから40日目であった。冒頭で2時間半にわたり陳述書を読み上げたコロナは，弾劾理由にある資産の一部の保有は認めるが，それはすべて資産報告書に記載済みであること，また，訴状に挙げられる資産のすべてに報告義務が課されているわけではないことを挙げ，意図的な資産隠しを否定して無罪を主張した。同時に，コロナは自分を訴追するのであれば，弾劾裁判に参加するすべての議員も同様に資産を公表する義務があるとして，議員が資産公表に応じないのであれば裁判自体を回避するという姿勢をみせた。最後まで無罪を主張し続けたコロナであったが，最終的には陪審員に当たる上院議員23人のうち議長を含む20人が有罪との評決を下した。これにより，フィリピン史上初めて最高裁判所長官の罷免が弾劾によって成立し，本来であれば2018年10月まであるはずだった在任期間を6年以上残して，コロナは最高裁判所を去ることになった。

コロナの後任には，アロヨによる駆け込み任命の合憲性が問われた裁判で，唯一反対票を投じたマリア・ローデス・セレノ最高裁判所判事が任命された。女性初の最高裁判所長官となったセレノは，1960年生まれと若く，その在任期間は定年を迎える2030年まで続くことが見込まれた。この人事により，アロヨが9年半の任期中に任命してきた判事のほとんどにとっ

---

20) コロナは，自身に対する弾劾発議が大統領および与党主導によって敢行される背景には，アキノ一族が所有する農園の農地分配訴訟に関する最高裁判決に対する意趣返しがある，と反論した。アキノIIIの母の故コラソン・アキノの実家が所有するルイシタ農園は，2011年11月の最高裁判決により，地主として全農地を受益農民に分配し，転用済みの元農地の売却金を農民に支払う義務を課された（「ハシエンダ・ルイシタ社対大統領農地改革評議会」事件 Hacienda Luisita, Inc. v. Presidential Agrarian Reform Council, G.R. No. 171101, November 22, 2011）。

21) この弾劾発議は，憲法11条2節「大統領，副大統領，最高裁判所判事，憲法上の委員会の委員，オンブズマンは憲法の有責的違反，違憲行為または反逆，贈収賄，汚職その他の重大犯罪，または国民の信頼を裏切る行為に問われた弾劾裁判で有罪となった場合には罷免される」および11条17節「公務員は就任時とその後に，法律の定めるところに従って，資産・負債・純資産報告（SALN）を提出しなければならない。とくに大統領，副大統領，閣僚，議員，最高裁判所判事，憲法上の委員会の委員，国軍将官のSALNは法律の規定によって公開の対象となる」という規定を根拠に出されたものであった。

て，在任中の長官昇進の可能性が断たれることになった[22]。

しかしながら皮肉なことに，現在のドゥテルテ政権下でセレノ最高裁判所長官に対する弾劾が争点となった。セレノは，ドゥテルテが主導する超法規的な違法薬物撲滅政策や，長期にわたるミンダナオ地方全域への戒厳令布告に対して批判的な発言をしていたため，大統領とのあいだに対立関係が生じていた。ドゥテルテは，セレノを議会による弾劾裁判と長官としての任命無効を裁判所に申し立てるという2つの方法を用いて罷免に追い込もうとし，最終的には後者の方法が採用された。2018年5月，ホセ・カリダ（Jose Calida）訴訟長官（solicitor general）がセレノ最高裁判所長官の任命資格を問う訴訟を最高裁判所に提起し，最高裁判所は大法廷にて8対6で，セレノの最高裁判所長官としての任命は無効であると判断した。このセレノの長官任命を遡って無効とする判決を受けて，ドゥテルテは2018年8月にテレシタ・レオナルド・デ・カストロ（Teresita Leonard de Castro）最高裁判所判事を新長官に任命した。しかし，高齢のデ・カストロは任命後2カ月で定年を迎えたことから，フィリピン統一弁護士会（Integrated Bar of the Philippines: IBP）や民衆弁護士全国組合（National Union of Peoples' Lawyers: NUPL）はこの人事に対して難色を示しており，カトリック司教協議会（Catholic Bishops' Conference of Philippines: CBCP）も，ドゥテルテが自己利益のために最高裁判所の内部対立を利用して，政権に対して批判的な発言をしたセレノを解任に追い込んだのではないかとの見方を示した。

おわりに

本章では，フィリピンにおける政治の司法化について考察した。1986年のエドサ革命以降，最高裁判所は政権の正統性を担保する存在として重用

---

[22] フィリピン政治の司法化について分析した日下（2017）は，フィリピンの裁判官の独立性の弱さゆえに多様な政治アクターの干渉を受けることが，逆説的ではあるが，司法の積極主義を可能とならしめる，という見方を提示する。

されてきた。民主化後に革命政権として位置づけられたコラソン・アキノ政権や，エストラーダの辞任により急遽大統領職に昇格したアロヨ政権が発足した際の大統領就任式では，宣誓の際に必ず最高裁判所長官が立ち会い，政権の正統性を保障する立場をとった。これは市民が，権力闘争を繰り広げる議会とはちがう，何らかの「清廉潔白さ」を裁判所に見出そうとする期待感によるのかもしれない。

これまでみてきたとおり，1987年憲法のもとで最高裁判所による積極的な違憲審査権の行使は，政治過程や政策形成に大きな影響を与えてきた。本章では，司法積極主義のひとつの源泉を，マルコス権威主義体制の反省に基づき起草された1987年憲法に埋め込まれた理念や制度設計からたどってきた。この約30年を振り返ると，1987年憲法起草者が期待する憲法の番人としての役目を最高裁判所は十分に果たしてきたし，最高裁判所のいう「リベラルな解釈」による手続的制約の縮小など，新たな判例理論の形成によってさらにその射程は拡大しつつあるようにみえる。そして，本章で検討した経済条項のように，憲法に盛り込まれたさまざまな規定が違憲審査の基準を提供してきた。

司法判決は最終的な効力をもち，一度無効判決を受けるとそれを覆すことはできない。そのため，裁判所の違憲判決が社会に与える影響は大きく，司法府の影響力増大は，それに対抗する政治の領域において強い反応を呼び起こしてきた。本章で示したように，1987年憲法は司法の独立を強化するための規定を整備したが，裁判官の人事に関して，メリットシステムをとらないフィリピンの司法には，裁判官任命過程が政治化する可能性が残される。アロヨ政権末期の駆け込み任命によりコロナ最高裁判所長官を任命した人事は，大統領がその職から退いた後も，自らの支配力を温存するために司法府を利用しようとしたものであるととらえられた。アキノⅢ政権以降の最高裁判所長官の弾劾，さらにドゥテルテ政権におけるセレノ長官の訴追といった一連の動きをみても明らかなように，フィリピンにおける司法と政治とのあいだの強い緊張関係は今後も続くであろう。

第4章

南部フィリピン紛争と憲法

知花 いづみ・今泉 慎也

はじめに

　2015年の人口センサスによれば，フィリピンの総人口1億98万人の91.8％がキリスト教徒（うちローマカトリックは79.5％）である。他方，イスラーム教徒（ムスリム）はフィリピン全体で606万人（6.0％）が居住し，その93.1％がミンダナオ島，スルー諸島などフィリピン南部に居住する[1]。これら地域には，かつてマギンダナオやスルーなどのイスラーム王朝が存在し，スペインによる植民地支配の試みに最後まで抵抗したが，19世紀末に始まるアメリカ統治時代に現在のフィリピンに組み込まれた。1970年代初頭から，これら地域においてはイスラームを標榜する分離独立を求める武装勢力と政府との対立が深刻化し，多くの死傷者と難民を生み出してきた[2]。また，アメリカ統治時代に始まるミンダナオ島への非ムスリムの入植者の増加や長期の紛争による住民の流失などから，ミンダナオ島におい

1）フィリピンのムスリムはおおむね13の民族集団に分かれるが，モロ（Moro）人またはバンサモロ（Bangsamoro），モロ民族と総称される（床呂 2013, 97）。
2）フィリピンにおけるイスラームの概況や南部フィリピン紛争については，床呂（2013）を参照。

てもムスリム住民の比率が低い地域も多く，それが南部フィリピン紛争の背景ともなっている（表4-1）。

フィリピンは，カトリック教徒が圧倒的多数を占める国ではあるが，憲法は政教分離の原則を採用し，カトリックに特別の地位を認めていない[3]。むしろ，1987年憲法は，南部フィリピン紛争の解決のため，10条「地方政府」のなかでムスリム・ミンダナオ自治地域（ARMM）の創設を規定し，ムスリムである自国民に特別の配慮を示した。1989年にARMMを実施するための組織法が制定され，さらに同年に実施された住民投票（plebiscite）により，ARMMが正式に発足した。しかしながら，ARMMの成立は，南部フィリピン紛争の終結を意味しなかった。主要な武装勢力はARMMに参加せず，その後も政府と武装勢力とのあいだで，戦闘と和平の一進一退の動きが長期にわたって続いたからである。

その後，和平交渉は段階的に進んだ。1996年になって政府はまずモロ民族解放戦線（MNLF）とのあいだで最終的な和平合意に至った。他方，MNLFから分離したモロ・イスラーム解放戦線（MILF）をはじめとする諸勢力との対立はその後も続いたが，政府とMILFとのあいだでも和平交渉が開始され，2014年に包括的協定が成立し，フィリピン社会の安定と成長の足かせとなってきた南部フィリピン紛争は大きな転換点を迎えた（和平交渉の経緯については表4-2を参照）。

しかしながら，和平合意を実現するためのプロセスは，まだその途上に

3）1987年憲法における信教の自由および政教分離に関する規定として次のものがある。①「教会と国の分離は不可侵とする」（2条6節）。②「国教を樹立し，または宗教上の行為を自由に行うことを禁止する法律を制定してはならない。差別または優遇のない信仰告白および礼拝の自由な行使および享受は，永久に認められる。市民的または政治的権利の行使について，いかなる宗教上の審査も要求されない」（3条5節）。③「いかなる公の資金または財産も，宗派，教会，教団，宗派的組織もしくは宗教的制度，または宗教上の組織に属する神父，説教者，牧師もしくはその他の宗教的教師，もしくは高位聖職者の使用，便益または支援のため，直接間接を問わず，支出され，適用され，支払われまたは使用されてはならない。ただし，これらの神父，説教者，牧師もしくはその他の宗教的教師または高位聖職者が，軍隊，刑罰施設または政府の孤児院もしくは癩療養所に配属されたときはこのかぎりではない」（6条29節2項）。

表4-1 フィリピン国内におけるムスリムの分布

地域	総人口（人）	ムスリム（人）	比率（地域別）（％）	比率（対全国）（％）
全国	100,979,303	6,064,744	6.0	100.0
南部フィリピン	24,135,775	5,646,010	23.4	93.1
Ⅸ：サンボアンガ半島（含むイサベラ市）	3,629,783	603,289	16.6	9.9
うちイサベラ市	112,788	72,182	64.0	1.2
Ⅹ：北部ミンダナオ地方	4,689,302	378,019	8.1	6.2
Ⅺ：ダバオ地方	4,893,318	167,879	3.4	2.8
Ⅻ：ソクサージェン地方	4,545,276	1,032,824	22.7	17.0
うちコタバト市	299,438	228,036	76.2	3.8
ⅩⅢ：カラガ地方	2,596,709	12,355	0.5	0.2
ARMM：ムスリム・ミンダナオ自治地域	3,781,387	3,451,644	91.3	56.9
（1）バシラン州（イサベラ市を除く）	346,579	305,021	88.0	5.0
（2）ラナオ・デル・スル州	1,045,429	978,573	93.6	16.1
（3）マギンダナオ州（コタバト市を除く）	1,173,933	974,192	83.0	16.1
（4）スルー州	824,731	816,273	99.0	13.5
（5）タウイタウイ州	390,715	377,585	96.6	6.2
その他地域	76,843,528	418,734	0.5	6.9
NCR：マニラ首都圏	12,877,253	154,840	1.2	2.6
コルディリェラ行政地域（CAR）	1,722,006	4,679	0.3	0.1
Ⅰ：イロコス地方	5,026,128	10,801	0.2	0.2
Ⅱ：カガヤン・バレー地方	3,451,410	6,525	0.2	0.1
Ⅲ：中部ルソン地方	11,218,177	39,202	0.3	0.6
Ⅳ-A：カラバルソン地方	14,414,774	67,983	0.5	1.1
Ⅳ-B：ミマロパ地方	2,963,360	99,208	3.3	1.6
Ⅴ：ビコール地方	5,796,989	7,234	0.1	0.1
Ⅵ：西部ビサヤ地方	7,536,383	8,636	0.1	0.1
Ⅶ：中部ビサヤ地方	7,396,898	13,945	0.2	0.2
Ⅷ：東部ビサヤ地方	4,440,150	5,681	0.1	0.1

（出所）　2015年人口センサス。

表4-2 南部フィリピン紛争の経緯（1986年以降を中心に）

1968年	ムスリム研修兵180人虐殺（Jabidah事件）（3月）
1972年	マルコス大統領による戒厳令布告（9月21日）
	モロ民族解放戦線（MNFL）の武装闘争が顕在化
1976年	政府とMNFL，OICの仲介によりトリポリで和平交渉開始（12月23日）
1977年	政府とMNFL，トリポリ協定に署名（OIC代表参加）（サンボアンガ）（1月23日）
1984年	モロ・イスラーム解放戦線（MILF）創設
1989年	ムスリム・ミンダナオ自治地域（ARMM）組織法制定
	住民投票の結果，ARMMは4州のみで発足（11月）
1993年	MNLFとの休戦合意。第1回本交渉（11月）
1994年	MNLFとの第2回本交渉（9月）
1995年	MILFと停戦合意（1月）
	MNLFとの第3回本交渉（ジャカルタ）（11月）
1996年	MILFとの和平交渉始まる（2月）
	政府とMNLFとの和平協定調印（9月2日）
	和平開発特別区（ZOPAD），南部フィリピン和平開発評議会（SPCPD）設置（10月）
	ミスアリMNLF議長，ARMM知事に当選。SPCPD委員長にも任命
2001年	ムスリム・ミンダナオ自治地域組織法（RA9054）制定（3月）
	政府とMILFが和平交渉再開の枠組みで合意（KL）（3月）
	政府とMILFが休戦合意（2001年トリポリ協定）（トリポリ，リビア）（6月）
	第2回和平交渉（マレーシア）
	停戦の実現（8月）
	拡大ARMMの賛否を問う住民投票。新たにバシラン市とマラウィ市が参加（8月）
2002年	人道的リハビリテーション・開発に関する実施指針締結（5月）
2003年	MILFとの停戦合意，予備交渉開始（マレーシアの仲介）（3月）
2004年	ミンダナオ国際監視団（IMT）派遣（マレーシア60名，ブルネイ10名，リビア2名）
	ARMM選挙延期法（RA9333）制定（9月）
	MILFとの予備交渉開始（KL）（12月）

2005年	ARMM総選挙（アンパトゥアン（Datu Zaldy Puti C. Ampatuan）知事選出）（8月）
	MILFとの予備交渉（4月，6月，9月）
2006年	IMTに日本など非イスラーム諸国が参加
	政府，南部フィリピン開発機構を復活
2007年	MILFとの和平交渉開始（KL）（11月）
2008年	最高裁判所，MOA-AD署名に一時停止命令（TRO）（8月4日）
	ARMM総選挙（8月11日）
	最高裁判所，MOA-ADに違憲判決（8対7）（10月14日）
	IMT期限満了で撤退（11月）
2009年	国際監視団（ICT）設置で合意（9月）
	MILFとの交渉再開（12月）
2011年	アキノ大統領とムラドMILF議長会談（成田）（8月）
2012年	政府とMILF，枠組み協定締結（10月）
2013年	MNLFの一部勢力によるマレーシア・サバ州侵入事件（2月）
	MNLFの一部勢力がサンボアンガ市を襲撃・占拠事件（9月）
2014年	バンサモロ包括的協定（CAB）締結（3月27日）
	移行委員会，バンサモロ基本法草案を大統領に提出（4月）
	バンサモロ基本法案，議会に提出（優先法案に指定）（9月）
2015年	マギンダナオ州ママサパノ町で国軍とMILFほかと銃撃戦（1月）。警察特殊部隊44人を含む67人が死亡。和平交渉に影響
	和平協議会設置（3月）
	和平合意に基づくMILFの第一次武装解除（6月）
	バンサモロ基本法案修正案，上院に提出（8月）
2016年	ドゥテルテ大統領就任。連邦制導入を表明（6月）
	政府，バンサモロ移行委員会を増員（行政命令）（11月）
2017年	憲法改正案議会提出（12月）
2018年	ミンダナオ島マラウィ市で国軍・警察と武装勢力との戦闘始まる（5月）。ミンダナオ島全域に戒厳令（10月に鎮圧）
	バンサモロ組織法成立（7月）（8月発効予定）

（出所）アジア経済研究所『アジア動向年報』（各年版）より筆者作成。2018年12月31日現在。

ある。というのも，交渉で争点となった天然資源の開発利益の分配などの問題とは別に，乗り越えなければならない課題として，憲法問題が浮上してきたからである。一連の和平交渉では既存のARMMよりも広範な「自治」が構想されてきたが，それは1987年憲法体制との緊張関係を強めるものとなった。2008年，グロリア・マカパガル・アロヨ政権のもとで政府とMILFが締結を予定していた「2001年フィリピン共和国政府とMILFとのあいだの2001年トリポリ協定（Tripoli Agreement）の先祖伝来領の側面に関する合意覚書」（Memorandum of Agreement on the Ancestral Domain Aspect of the GRP-MILF Tripoli Agreement on Peace of 2001　以下，MOA-AD）に対して，最高裁判所により違憲判決が出され，和平交渉は停滞を余儀なくされた。しかしながら，その後も双方の和平交渉団は粘り強く対話を進め，ベニグノ・アキノIII政権下の2012年にMILFとの和平合意に関する諸条件を定める個別分野の協定が段階的に締結され，最終的にそれらを包含する「バンサモロ包括的協定」（Comprehensive Agreement on Bangsamoro: CAB）が政府とMILFとのあいだで2014年に署名された。そして，同協定を具体化するための国内法上の措置として「バンサモロ基本法」（Bangsamoro Basic Law: BBL）が議会に提出され，アキノIII政権中の成立がめざされた。しかしながら，バンサモロ基本法はその違憲性を指摘する声も強く，違憲性の疑念を拭い去ることができないまま審議は停滞し，同政権の任期満了とともに同法案は廃案となった。

　2016年6月に大統領に就任したロドリゴ・ドゥテルテが，南部フィリピン紛争解決のため，憲法改正による連邦制の導入の意向を示したことで，南部フィリピン紛争をめぐる憲法論争は新たな段階へと移行した（2016年7月25日施政方針演説）。連邦制論はアロヨ政権期にも提言されたことがあるが，支持率の高いドゥテルテ政権のもとで憲法改正が実現する可能性は否定できない。違憲論争のなかで手詰まりとなった和平実現を一挙に進めるものとなることが期待される一方，連邦制はフィリピンの中央・地方関係を変化させる「劇薬」でもある。また，この憲法改正論議と平行して，バンサモロ基本法案をベースとする新たなARMM組織法の制定が急速に進み，2018年に議会で可決されたことで，新ARMMが誕生する可能性が

高まった。

　本章では，和平交渉のなかで構想されてきた「自治地域」と憲法とのあいだに，どのような緊張関係があるのかを検討する。本章の構成は次のとおりである。まず第1節では，出発点として1987年憲法において導入されたARMMの法的枠組みを示す。第2節では，MILFとの和平合意の実現過程において生じた違憲論争を考察し，2008年のMOA-ADで構想された「バンサモロ機構」（Bangsamoro Juridical Entity: BJE）と，それに対する最高裁判所の意見判断を検討する。第3節では，違憲判決を受けて，アキノⅢ政権期に提出されたバンサモロ基本法案とそれをめぐる憲法論議について考察する。最後に，第4節ではドゥテルテ政権における最近の動きを紹介する。

第1節　「ムスリム・ミンダナオ自治地域（ARMM）」の形成

1-1「自治地域」創設の背景

　南部フィリピン紛争の解決のため，「自治地域」を導入する構想は，フィリピン政府とモロ民族解放戦線（MNLF）が締結した1976年12月23日のトリポリ協定のなかですでに示されていた[4]。同協定では，「フィリピン共和国の主権および領土保全の範囲内において」，フィリピン南部の13州[5]

4）本協定は，イスラーム協力機構（OIC）の仲介でフィリピン政府とMNLFとのあいだで1976年12月にリビアのトリポリで行われた和平交渉において合意された。同協定は1977年1月にOIC代表の参加のもと，サンボアンガ市において署名された。

5）自治区の対象とされた13州は，バシラン（Basilan），スルタン・クダラット（Sultan Kudarat），スルー（Sulu），ラナオ・デル・ノルテ（Lanao del Norte），タウイタウイ（Tawi-tawi），ラナオ・デル・スル（Lanao del Sur），サンボアンガ・デル・スル（Zamboanga del Sur），ダバオ・デル・スル（Davao del Sur），サンボアンガ・デル・ノルテ（Zamboanga del Norte），南コタバト（South Cotabato），北コタバト（North Cotabato），パラワン（Palawan），マギンダナオ（Maguindanao）。

に自治(autonomy)を確立するほか,自治の具体的な内容,自治区政府の構造,交渉の進め方なども定められた[6]。しかしながら,同地域におけるキリスト教徒住民の反発などもあり,政府は同協定で合意された13州全部における自治の導入に消極的であった。MNLF側が参加を拒否するまま,政府が実施した1977年4月17日の住民投票では95％以上が自治に反対する結果に終わった(アジア経済研究所 1978, 321)。さらに,1979年3月の法律(BP20)により,当時の第9地域および第12地域それぞれに地域立法議会(*Sangguniang Pampook*)を設置し,同年5月の選挙では議席を当時の与党KBLの議員が独占した(アジア経済研究所 1979, 381)。MNLFはその後の交渉においてもトリポリ協定の13州の自治を主張するが,1977年にMNLFが分裂し,MILFが成立したことなどから和平交渉は停滞した。

1986年政変後,コラソン・アキノ政権(1986～1992年)のもとで起草された1987年憲法は,南部フィリピンの自治制度を憲法上の制度とした。1989年にARMM組織法が制定され(同年8月1日施行),それに基づき同年に行われた住民投票によりARMMが成立した。この時期にコラソン・アキノとMNLFとの協議が行われるなどの動きはあったものの,MNLF,MILFはARMMに対して反対の姿勢を示した。MNLFとの和平合意は1996年に成立したが,MILFとの和平合意はさらに10年を要することとなった。

1-2 ムスリム・ミンダナオ自治地域の制度設計
(1) 1987年憲法の規定

ARMMはどのような制度設計になっているのであろうか。まず憲法の規定をみてみよう。憲法10条「地方政府」(Local Government)は,地方政府に関する一般規定として,次のような規定を定める。第1に,フィリピン

---

[6] 同協定は,自治区内のムスリムがイスラーム法(シャリーア)を適用する自らの裁判所をもつ権利を定めた。この規定に対応して,1977年の「ムスリム属人法典」(Code of Muslim Personal Law/ PD1083)によりシャリーア裁判所がフィリピン南部に創設された。フィリピンにおけるイスラーム法の状況については,森(2013)を参照。

共和国の「領域的および政治的下部機構」(territorial and political subdivision) は,「州, 市, 町およびバランガイ」で構成する (10条1節)。第2に, 領域的・政治的下部機構は自治を享受する (10条2節)。第3に, 地方政府は, その地域内の国の富の利用および開発により得られた収益につき, 直接的な便益による当該収益を住民と共有することを含む法律の定める方法により, 衡平な持分に対する権利を有する (10条7節)。なお, 地方政府制度の詳細は, 1991年地方政府法典 (Local Government Code) により定められる。

つぎに憲法は, 自治地域 (autonomous regions) についての通則的規定をおく。憲法10条15節は「共通かつ独特の歴史的および文化的遺産, 経済的および社会的構造ならびに他の関連する性質を共有する州, 市, 町および地理的地域によって構成されるムスリム・ミンダナオおよびコルディリェラの自治地域が, フィリピン共和国の憲法および国家主権ならびに領土保全の枠内において創出される」と規定する。

自治地域の創設は, 公示された住民投票で構成単位によって投じられた票の多数によって承認された場合に効力を生ずる (10条18節2項)。住民投票において賛成に投票した州, 市および地理的地域のみが当該自治地域に含められる (10条18節2項但書)。

自治地域政府の構造は, 組織法によって定められる (10条18節)。憲法は, 自治地域政府が執行部と立法議会とによって構成され, いずれも自治地域を構成する州や市などの政治単位から選挙され, かつ代表しなければならないとする。組織法は,「憲法および国家法の規定に適合した属人法, 家族法および財産法上の管轄権を有する特別裁判所」をおくと定める (10条18節)。

自治地域と国家政府 (national government) との関係について, 憲法または法律によって自治地域に付与されていないすべての権能, 機能および責務は国家政府に属する (10条17節)。また, 大統領は, 法律が誠実に執行されることを確保するため, 自治区に対する一般的監督権 (general supervision) を行使する (10条16節)。

自治地域の立法事項として, 憲法は, ①行政組織, ②歳入源の創出, ③

97

先祖伝来地および天然資源（ancestral domain and natural resources），④身分，家族および財産上の関係（personal, family, and property relations），⑤土地および農村計画開発，⑥経済，社会および観光の開発，⑦教育政策，⑧文化遺産の保全および開発，⑨当該地域の人民の一般福祉の増進のため法律によって授権されるその他の事項（10条20節）を列挙する。

自治地域内の平和と秩序の維持は，法令に従って組織，維持，監督および利用が行われる地方警察機関（local police agencies）の責任であり（10条21節），他方，自治地域の防衛および安全保障は国家政府の責任とされる（10条21節後段）。

(2) 組織法の制定と住民投票

1987年憲法は，最初の議会は，両院が組織されたときから18カ月以内に自治地域の組織法を制定する（10条19節）。組織法の制定にあたっては，議会は，「地域諮問委員会」（Regional Consultative Commission: RCC）の支援および参加を受ける。地域諮問委員会の委員は，諸セクターの団体が提出した候補者リストのなかから大統領が任命する（10条18節）。

この規定に従い，議会は，1988年3月にムスリム・ミンダナオ地域諮問委員会設置法（RA6649），同年6月にコルディリェラ地域諮問委員会設置法（RA6658）[7]を制定し，各委員会において組織法の起草が行われた。

議会は，1989年に「ムスリム・ミンダナオ自治地域組織法」（RA6734）（1989年8月1日大統領承認）を制定した。これを受けて，ミンダナオ地域13州9市で住民投票が実施されたが，同法を承認したのは4州のみであった。キリスト教徒が多い地域で反対が多かったほか，ムスリムのなかにも自治地域に慎重な姿勢をとる人が多かったのである（野沢1990, 325）。

---

7) コラソン・アキノ政権下においては，行政命令220号（EO220, 1987）により，自治地域発足までの暫定的行政機関としてコルディリェラ特別行政区が設置されたが，1989年のコルディリェラ自治地域組織法（RA6766）に基づくレファレンダムにおいて賛成多数となったのはイフガオ州のみであった。最高裁判所は1990年12月に「イフガオ州のみの賛成では憲法および設立法の規定に合致しないことから，コルディリェラ自治地域は成立しない」との判断を示した。その後，1997年に再びコルディリェラ自治地域設置法（RA8438）が成立し，本法に基づくレファレンダムが1998年に行われたが，このときも自治地域の創設は承認されなかった。

フィデル・ラモス政権期（1992～1998年）において，1993年に停戦が合意され，和平交渉が開始された。1996年9月2日に政府とMNLFは最終和平協定（final peace agreement）をインドネシアのジャカルタにおいて調印した。交渉ではMNLFゲリラの国軍，国家警察への編入などが争点となった。合意実現プロセスは，第1段階として，ミンダナオ14州9市を対象とする和平開発特別区（Special Zone of Peace and Development: ZOPAD）およびそこでの和平監視機構として南部フィリピン和平開発評議会（Southern Philippines Council for Peace and Development: SPCPD）を設置し，第2段階として，ARMM組織法の改正と新たな住民投票を行うことが合意された（野沢 1997, 307-309）。

和平開発特別区および南部フィリピン和平開発評議会において，諮問会議（Consultative Assembly）が創設された。これと並行して，1996年のARMM選挙では，MNLF議長のヌル・ミスアリ（Nur Misuari）[8]が与党推薦候補としてARMM知事に当選し，また，南部フィリピン和平開発評議委員長にも就任した（野沢 1997, 307-309）。

和平合意に従ったARMM組織法の改正は，アロヨ政権期の2001年に実現し（RA9054／2001年3月31日承認），ARMMの大幅な見直しが行われた。改正法および同合意に基づき，追加的な住民投票が行われ，マラウィ市（Marawi City）とバシラン州（イサベラ市を除く）がARMMに加わることになった（Santos, M. 2013, 29）。2018年末現在，ARMMは，タウイタウイ（Tawi-Tawi），スルー（Sulu），バシラン（Basilan），ラナオ・デル・スル（Lanao del Sur），マギンダナオ（Maguindanao）の5州で構成され，2つの市，113の町，2470のバランガイが含まれる（Santos, M. 2013, 29）。

改正ARMM組織法は，18条で構成され，憲法の構成に対応するものが多い（表4-3参照）。ARMMの政府は，立法部としての地域議会（regional

---

8）ミスアリは，1996年にARMM知事に就任したが，その行政手腕が疑問視されるなか，2001年11月に政府施設を攻撃する行動を起こした。その後，逃亡先のマレーシアで拘束され，フィリピンで有罪判決を受けて収監された。MNLF内では，2001年4月にミスアリを議長から解任する動きがあり，同年11月のARMM知事選ではパロウク・フシン（Parouk S. Hussin）MNLF副議長が当選した（川中 2002, 106）。

表4-3　バンサモロ組織法の構成の比較

バンサモロ組織法 (RA11054) 2018年	バンサモロ基本法案 (BBL)	ARMM組織法 (2001年改正)
前文	前文	前文
1条 名称および目的（3）	1条 名称および目的（3）	1条 名称および目的
2条 バンサモロ・アイデンティティ（2）	2条 バンサモロ・アイデンティティ（3）	
3条 領域管轄権（5）	3条 領域（7）	2条 自治地域（3）
4条 一般原則および政策（10）	4条 一般原則および政策（8）	3条 指導原則および政策（17）
5条 政府の権限（3）	5条 政府の権限（4）	4条 政府の権限（6）
6条 政府間関係（6）	6条 政府間関係（10）	5条 政府間関係（7）
7条 バンサモロ政府（42） バンサモロ議会／執行官	7条 バンサモロ政府（34） バンサモロ議会／執行官	6条 立法部（20） 7条 執行部（24）
8条 ワーリー（6）	8条 ワーリー（4）	
9条 基本権（28） 社会正義／教育に対する権利	9条 基本権（21） 社会正義／教育に対する権利／健康に対する権利／芸術およびスポーツ・文化	10条 先祖伝来領，先祖伝来地および農地改革（8） 15条 社会的正義・サービス・制度その他の関心事（9） 14条 教育・科学技術・芸術・スポーツ（27）
10条 バンサモロ司法制度（20）	10条 バンサモロ司法制度（28） 伝統的／部族的司法制度／地方裁判所／代替的紛争処理制度／バンサモロからの裁判官	8条 司法行政（24）
11条 国防および安全保障，公の秩序および安全ならびに沿岸警備サービス（7）	11条 公の秩序と安全（18）	13条 公の秩序と安全保障（13）
12条 財政的自律（41） 財源／交付金／借款／補助金・拠出／経済協定・条約／政府所有・支配法人／天然資源の探査・開発・利用の共有／政府間財政政策委員会	12条 財政的自律（40） 財源／交付金／借款／補助金・拠出／経済協定・条約／政府所有・支配法人（GOCCs）／金融機関／天然資源の探査・開発・利用の共有／政府間財政政策委員会	9条 財政的自律（15）
13条 地域経済および公有財産（39） 持続可能な開発／天然資源／貿易・投資・観光／公共事業・インフラストラクチュア／輸送・通信	13条 経済および公有財産（31） 持続可能な開発／天然資源／貿易・産業／銀行・金融／輸送・通信／シャリーア司法制度	12条 経済および公有財産（36）
14条 復興および開発（2）	14条 復興および開発（2）	11条 都市・農村の計画・開発（4）
15条 住民投票（11）	15条 住民投票（10）	
16条 バンサモロ移行当局	16条 バンサモロ移行当局（13）	16条 一般規定（9）
17条 修正，改正および廃止（1）	17条 修正および改正（1）	17条 修正または改正（3）
18条 最終規定（6）	18条 最終規定（5）	18条 経過規定（19）

（出所）　筆者作成。
（注）　カッコ内は節（Section）の数。

第 4 章　南部フィリピン紛争と憲法

assembly），執行部としての地域長官（regional governor）がおかれる。司法制度は全国統一であるが，ARMMには特別裁判所（special courts）としてシャリーア裁判所が設置される（Santos, M. 2013, 30）。自治政府の立法権は，国民発議，レファレンダムにより人民に留保されるものを除いて，地域議会に属する（ARMM組織法 6 条 1 節）。地域議会は，各選挙区につき 3 人の公選議員と公選議員総数の15％以下のセクター代表（sector representatives）により構成される（6 条 2 - 3 節）。このセクターは，農業，労働，都市貧困者，障害者，固有文化共同体，若者，女性のほか，地域議会が定める（ 6 条 3 節）。セクター別代表は必要な立法が地域議会により制定されていないため，まだ実施されていない（Co et al. 2013, 133）。議員の任期は 3 年（ 6 条 4 節）で，在職期間は 3 期に制限される（ 4 選禁止，6 条 5 節）。執行権は，公選の自治地域知事（regional governor）に付与される（ 7 条 1 節）。

　ARMM議会は，1990年から活動を開始し，現在は2013年 6 月に選挙された第 9 議会となっている。ARMM議会が制定する法令は「ムスリム・ミンダナオ法」（Muslim Mindanao Acts: MMA）という法形式をとる[9]。ムスリム・ミンダナオ法も司法審査に服する[10]。

　ARMMは創設からすでに30年近くが経とうとしているが，同地域の経済・社会指標はフィリピン国内の他地域に比べてまだ低く，効果を上げているとは言い難い（Co et al. 2013）。

---

9 ）ARMMのウェブサイトから2012年までに302のMMAが制定されたことがわかる。なお，その後の情報は更新されていない（2018年10月31日現在。https://armm.gov.ph/muslim-mindanao-acts）。
10）改正ARMM組織法 7 条19節は，ARMM議会に州の創設を授権しており，それに基づきARMMはマギンダナオ州内にシャリフ・カブンスアン（Shariff Kabunsuan）州を設置した。州の創設にともない，新たに下院議席が配分されるかが争点になった訴訟において，最高裁判所は，州の創設は議会の法律によるべきとして，ARMM議会に州の創設権限を与えた当該条文を違憲とし，また，新たな州の創設自体も無効とした（Sema v. COMELEC, G.R. No. 177597 & 178628, July 16, 2008）。

第2節　バンサモロと2008年最高裁判所違憲判決

2-1　先祖伝来領合意
(1)　背景

上述のように，MNFLとの停戦合意を受けて，2001年にARMM組織法の全面改正とそれに伴う新たな住民投票によるARMMの拡大が行われた。しかしながら，MILFや新興のアブサヤフなどの諸勢力との対立が続き，南部フィリピン紛争の全面的な解決には至らなかった。ラモス政権期において本格化してきたMILFとの和平交渉が大きな進展を示すのは，アロヨ政権期に入ってからのことである。

一連の交渉の結果として，フィリピン政府とMILFは，2008年8月5日にマレーシアのクアラルンプールにおいて，MOA-ADを締結することを予定していた。しかしながら，北コタバト州 (Province of North Cotabato)，サンボアンガ市 (City Government of Zamboanga) およびイリガン市 (City of Iligan) 等が，MILFとの交渉を目的にフィリピン政府が設置した和平交渉団 (Peace Negotiation Panel: PNP) 等を相手に，MOA-ADの締結の禁止を求める訴えを提起した。8月4日に予定されていた署名直前に，最高裁判所は原告の求める差し止めを認め，裁判所の命令によりMOA-ADの締結は停止された。2008年10月の判決において最高裁判所はMOA-ADが違憲であると宣言した[11]。この判決の直後には，MILFと政府軍との激しい戦闘が起こり，2010年半ばまで続いたこの戦闘によって，70万人を超える国内難民が発生した（床呂 2013, 103）。

---

11) Province of North Cotabato v. Government of the Republic of the Philippines Peace Panel, G.R. No. 183591, 183752 & 183893, October 14, 2008. 本訴訟は，北コタバト州，サンボアンガ市，イリガン市，サンボアンガ・デル・ノルテ州ほか私人1名の5原告が訴えを提起し，併合されたものである。このほか，イサベラ市，リナモン町，スルタン・クダラット州，その他の私人・団体による10の訴訟参加の申立てがあった。主たる被告は，政府の先祖伝来領に関する和平交渉団である。

(2) MOA-ADの概要

　MOA-ADの眼目は，南部フィリピンに，高度の自治を認められた新たな政治体として，「バンサモロ機構」(BJE) を創設することにあった。BJEは既存のARMMと比べてどのような特色をもち，そしてそれはどうして違憲と判断されたのであろうか。

　MOA-ADは，BJEの組織や権限についてのコンセプトを定める短い文書であり，その詳細は将来，締結される「包括的協定」(comprehensive compact) において詳細を定めることが予定されていた。MOA-ADは，「コンセプトおよび目的」，「領域」，「資源」，「ガバナンス」という項目からなる。BJEの構成要素である人，領域，政治制度の記述をみてみよう。

　まずMOA-ADは，新たな人のカテゴリーとして「バンサモロ人民」(Bangsamoro people) を示す。「自らを『バンサモロ』として同定し，および受け入れられることは，ミンダナオにおけるすべてのモロおよびすべての先住民の生まれながらの権利である。バンサモロ人民とは，征服および植民地化の時にミンダナオ島ならびにパラワン島およびスルー諸島を含むその近隣諸島の現地民または元々の居住者およびその子孫をいい，混血であるか完全な現地民の血統 (of mixed or full blood) であるかを問わない。また，配偶者およびその卑属はバンサモロと分類される。先住民の選択の自由は尊重される」と定める。

　つぎに，領域については郷土 (homeland) という概念を設定する。MOA-ADは，「バンサモロ人民の人道的かつ経済的ニーズならびに政治的熱望に応えるため，バンサモロ郷土の基礎を定めることが不可欠である。領域的管轄権ならびに天然の富と家産たる地理的範囲はすべてのバンサモロ人民の社会的，文化的および政治的なアイデンティティと誇りを示す。郷土の所有権は，超記憶的過去から先祖により画定されてきた，（中略）占有の優先的権利により，専らバンサモロ人民に属する」と定める。また，BJEは，先祖伝来領 (ancestral domain)，および，譲渡可能地であるかどうかを問わず，先祖伝来地 (ancestral lands) に関する権限および管轄権を有する。資源開発利益の分配においては，BJEが75％を取得することが明記された。

2-2　最高裁判所判決の争点
(1) 司法判断の可能性

　MOA-ADの締結の禁止を求める訴えを認めた最高裁判所は，まず，被告側（和平交渉団）が前提問題として提起した司法判断可能性，つまり司法審査の対象となるかどうかを検討し，「本請求は，裁判するに値する」(ripe for adjudication) と結論する。その理由として，被告人たる和平交渉団が，影響を受ける地方政治単位（州，市など自治体）またはコミュニティへの相談を怠ったことは，第1に，和平交渉団を設置した行政命令3号（EO3, 2001）に定める和平交渉団の任務を逸脱すること，第2に，被告が憲法改正を保証する行為をしたことにより，その権限を踰越したこと，第3に，司法が判断を控えるべき政治問題の法理は本件には適用されず，司法審査の適切な事項であることが挙げられる。

　つぎに，最高裁判所は原告適格について検討する。裁判所は，この請求が最上位の公益であり，かつ超越的な重要性をもつ憲法問題を含むゆえに，リベラルな立場，つまり原告適格をより広く認める方針を採用し，本件についても原告適格を認める，と判示した。また，差し止めによりMOA-ADの署名が行われなくなったことで，本件は司法判断の意義が失われた（moot）という被告側の主張について，裁判所は，法的な利益のない訴訟を扱わないという原則（moot and academic principle）の例外であるとした。判決は，その理由として，(a) 深刻な憲法違反が含まれていること，(b) 当該状況の例外的な性質と公益性の高さ，(c) 裁判所，法曹および公衆の指針となる原則の定式化の必要性，(d) 本件の審査を回避したとしても，再び同様の状況が起こり得るという事実の4点を示した。とくに最後の点について，MOA-ADはトリポリ協定の実行に必要な一連の協定のひとつであり，フィリピン政府とMILFとの再交渉の結果，同じような条文を含むものになる可能性があるという理解を示した。その一方で，原告が求めていたMOA-ADの署名の禁止やその内容の開示を求める請求については，すでにMOA-ADの締結が中止され，MOA-ADの内容も開示されたので，審査の必要がないとし，判決の対象に含めなかった。

　判決は，本事件における実体的な争点としてとくに次の2点を検討す

る。第1は，和平交渉団がMOA-ADの交渉および主導をしたときに，公的協議（public consultation）および情報に対する権利に関する憲法および制定法の規定に違反したか否かという点であり，第2に，MOA-ADの内容が憲法および法令に違反するかという点である。両者について，最高裁判所は法令違反および違憲であるとの判断を下した。以下，議論の詳細をみてみよう。

(2) 協議プロセスの欠如による裁量権の濫用

まず第1の点について，最高裁判所は，憲法が定める2つの権利に着目する。ひとつは人民の「情報に対する権利」（right to information）（憲法3条7節）であり，もうひとつはその権利を保護するためのセーフガードとして，公益を含むすべての「業務」（transactions）の完全な公的開示（full public disclosure）を行う国の政策（2条28節）の規定である。判決は，これら公的権利の派生として，公的協議に対する権利（right to public consultation）が想定されるとみなし，本件においては，少なくとも関連する3つの法令が，憲法上の要請により和平アジェンダに関係する事項について人民が自らの意見を求められる権利（right to be consulted）を正当化するとした。第1に，和平交渉団に関する行政命令3号は，全国および地方レベルの継続的協議やコンセンサス構築のための場について詳細に定めており，それゆえに，和平交渉の相手や社会の関係セクターとの定期的な対話を行うことは大統領顧問の義務であった。第2に，1991年地方政府法典（RA7160）は国のすべての公務員に，環境や人間のエコロジーに重大な影響を与えるプロジェクトやプログラムの前に協議を行うことを要求する。MOA-ADは，バンサモロ人民に膨大な土地の所有権を一方的に付与するものであり，それ以外の多くの人民を総合的な環境から追い出す可能性をもっている。第3に，1997年先住民権利法（RA8371）も先祖伝来領の承認および画定のための明確な手続を定め，とくに固有文化共同体もしくは先住民の自由かつ事前に情報の与えられた同意を確保することを求めている。この法律の下では執行部門も政府機関も，協定や和解を通じてそのような土地画定を行う権限を付与されていない。以上のことから，和平交渉担当の大統領顧問が，これら法令が要求する協議プロセスを実行しなかっ

たことは，その裁量権の重大な濫用に当たる，と最高裁判所は判断した。

(3) **憲法適合性**

本件において最も重要な論点であるMOA-ADの憲法適合性について，最高裁判所は，次のような理由から憲法に適合しないと判断した。

まず，最高裁判所は，MOA-ADの特定の規定ではなく，その根底にあるコンセプト，つまり共和国政府とBJEとのあいだに構築されることが想定される連合的関係（Associative Relationship）そのものが違憲である，とした。なぜならば，このコンセプトは，連合的実在が国家であることを前提とし，かつそれが独立の途上にあることを示唆するからである。

また，原告の主張によれば，MOA-ADのなかに「現行の法的枠組みに適合しない条項は，当該枠組みが修正されないかぎり効力を生じない」という規定があるが，最高裁判所は，この条項が上述のような欠陥を救済するものではないと述べる。なぜならば，和平交渉団に対して大統領が発した2001年3月1日付の指示書（memorandum of instructions）においては，フィリピン共和国の主権と領土保全の原則のもとに交渉が行われるべきことが宣明されているが，連合的関係を確立する条項を含める権利を授権する規定はないからである。かかる条項は，実質的に憲法および法律の必要な修正が実際に行われることを保証するものであり，和平交渉団はもちろん，大統領自身もそのような保証を行う権限をもたない。憲法の修正は，議会，制憲議会または国民発議による人民に付与された権限であり，執行府はそのプロセスに不当な影響力を与えるか，または介入することを通じてしか修正結果を確保することができない。したがって，MOA-ADが国際法上フィリピンを拘束するような国際協定ないしは一方的宣言には当たらないとしても，被告人による憲法修正を保証する行為そのものが憲法違反であり，MOA-ADに致命的な欠陥を与えるのである，と最高裁判所は結論する。

2-3 判決をめぐる論争

本判決は違憲を宣言したものの，評決は8対7の僅差であり，裁判官の意見は大きく分かれた。反対意見の多くは，司法判断可能性といった前提的問題に向けられた。判決文では「裁量権の甚大な濫用は，完了した行為

につき性格づけられるのであって，完了していない行為ではない」（アントニオ・エドゥアルド・ナチュラ（Antonio Eduardo B. Nachura）判事反対意見)，「争われている協定は署名されていない協定であり，署名されていない書面を違憲と宣言することができない」（プレスビテロ・ヴェラスコ（Presbitero J. Velasco, Jr.）判事反対意見)，との見解が示された。また，ミニタ・チコ・ナサリオ（Minita V. Chico-Nazario）判事は，「執行府は，和平交渉において十分な交渉のための余地を与えられるべきであり，そのなかで現行憲法が認めるものを超える解決策を申し出ることまで妨げられるべきではない。かかる解決策は完全に適法な手段によって憲法の修正が行われることを条件として合意される場合に限る」と指摘する。

　和平交渉にかかわってきたサントスは，この判決に対して包括的な批判を展開する。まず，上述のナサリオ判事の反対意見を参照しつつ，和平交渉は憲法の枠の外で考えられるべきであると論じ，また，判決は，MOA-ADの連合的関係に関する規定を検討したうえでMOA-ADの根底にあるコンセプトそのものを違憲としたのではなく，「自由連合」や「連合国家」に関する国際法および歴史の検討に基づくものであったと指摘する。そして，連合的関係は，これから交渉する包括的協定のなかで具体化されるものであり，最高裁判所が，連合的実体が国家であり，独立に向かっていると結論するのは時期尚早である，とした（Santos, S. 2009, 265-266）。

　その一方で，法学者・法曹には違憲判決を支持するものが多いようである。元控訴裁判所首席判事のヴィセンテ・メンドーサ（Vicente V. Mendoza）は，この合意書の調印式には，フィリピン政府の外相が出席し，マレーシア外相の立ち会いのもとでMILFとの署名が予定されていたことを重視し，和平交渉推進派が主張するようなMOA-ADのなかの憲法に適合しない規定は将来的に憲法改正が必要となる項目のリストにすぎないという説明に疑問を呈する。

　また，このMOA-ADの内容については，BJEが準独立国（a semi-independent state）であることを前提とするものであるからこそ，MOA-ADの内容はあえてフィリピン憲法やARMM組織法との整合性を意識するものにはならなかったとする（Mendoza 2008, 491）。MOA-ADのなかで憲

法や組織法について言及する代わりに、それらを単に「既存の法的枠組み」と称することもBJEが準独立国としてとらえられていることのあらわれと解する（Mendoza 2008, 491, n. 24）。さらに、仮にBJEの独立を承認する行為を大統領の大権行為に当たると位置づけたら、本件は司法審査が及ばない政治問題として処理することでMOA-ADの無効を免れ得たかもしれないとしたうえで、はたして実際にその地域の住民がミンダナオ和平の名のもとに独立を望んでいるのかという点が甚だ疑問であると述べる。

以上のように、本判決の理由づけについては賛否が分かれた。本判決をめぐる論争で重要な点は、和平合意がそのままの形で実現することは現在の憲法の枠組みのなかでは困難であるという認識が、和平交渉当事者と、違憲判決支持者のあいだで共有されていることが明らかになったことである。これは、次節でみるように、バンサモロ基本法案を現行憲法の枠内で具体化しようとする試みが失敗したこととも通底する。

第3節　バンサモロ基本法案の合憲性問題

3-1　MILFとの和平合意の実現

MILFとの交渉は、アキノⅢ政権のもとで継続された。同政権は、当時フィリピン大学法学部長のマルヴィック・ビクトール・レオネン（Marvic M. V. F. Leonen）を座長とする和平交渉団を設置し、テレシタ・ギン・デレス（Teresita Quintos-Deres）和平プロセス担当大統領顧問（Presidential Adviser on the Peace Process）によって交渉を再開した。和平交渉には、マレーシア、イスラーム協力機構（Organization of Islamic Cooperation: OIC）、ノルウェー、日本政府等が関与し、2011年には成田でアキノⅢとムラド・エブラヒム（Murad Ebrahim）MILF議長との直接会談が実現した（知花 2013, 304）。

2012年10月には、フィリピン政府とMILFとのあいだで「枠組み合意」（Framework Agreement）が調印され、その後は4つの付属文書について交渉が進められた[12]。

2013年には,「移行期間の統治体制」,「財源調達と富の配分」,「権限分担」の3項目について合意され,2014年1月にはMILFの武装解除の方法などを定める「正常化」が合意された（鈴木 2014, 344)。交渉過程において,最も難航したのは,「財源調達と富の分配」であった。「石油や天然ガスなどの化石燃料からの収益配分はバンサモロ50％,中央政府50％となったが,その他,非金属鉱物の探査・開発・採掘などからの収益は100％がバンサモロに,金属鉱物はバンサモロ75％,中央政府25％に,そしてバンサモロ地域から徴収された国税も75％が同自治政府へ配分される形」で政府側が譲歩した（鈴木 2014, 344)。国税の配分については,現行のARMMの70％よりも大きく,議会による詳細な審議なしの総額自動歳入になる予定となっており,配分条件がARMMよりもバンサモロに有利となった（鈴木 2014, 344)。

 2014年3月27日,フィリピン政府とMILFは,「バンサモロ包括的協定」(CAB)[13]に調印し,ここに南部フィリピン紛争は解決に向けた最終局面に入った（鈴木 2015, 360)。そして,ARMMに代わる自治組織として,「バンサモロ」(Bangsamoro)が設置されることがこの協定に定められた。

 同協定の実施プロセスは,第1に,政府およびMILFの代表からなる移行委員会(transition commission)がバンサモロ基本法案を起草し,第2に,同法が議会で承認され,かつ住民投票により承認されると,バンサモロが成立し,既存のARMMは廃止される,というものであった。

 移行委員会は,大統領による行政命令120号(EO120, 2012)[14]により設

---

12) 調印式では,レオネン政府交渉団長とイクバルMILF交渉団長が署名を行った。調印式には,アキノⅢ大統領,ムラドMILF議長,マレーシア首相,OIC事務局長,国際コンタクトグループ(ICG)参加国として日本,イギリス,トルコの各国政府代表,IMT等が出席した（知花 2013, 304)。

13) 包括的協定は,(1)バンサモロ枠組み協定(Framework Agreement on the Bangsamoro),(2)移行様式・取決めに関する付属書(Annex on Transitional Modalities and Arrangements),(3)一般歳入および富の共有に関する付属書(Annex on Revenue General and Wealth Sharing),(4)正常化に関する付属書(Annex on Normalization),(5)権限分担に関する付属書(Annex on Power Sharing),(6)バンサモロ水域の事項に関する補遺(Addendum on the Matter of Bangsamoro Waters)から構成される。

置され，MILF側の和平交渉団長のモハグハ・イクバル（Mohagher Iqbal）を委員長とし，MILF側7人，政府側7人の合計15人で構成された（鈴木 2014，344）。

移行委員会は2014年4月に法案を大統領に提出し，大統領府の法律顧問による修正を受けて，政府とMILFとのあいだで再交渉が行われた（鈴木 2015, 360）。同年9月10日に法案は議会に提出され，優先法案とされた（鈴木 2015, 360）。

3-2 バンサモロ基本法案の概要

バンサモロ基本法案は，前文，1条「名称および目的」，2条「バンサモロ・アイデンティティ」，3条「領域」（Territory），4条「一般原則および政策」，5条「政府の権限」，6条「政府間関係」，7条「バンサモロ政府」，8条「ワーリー」（Wali），9条「基本権」，10条「バンサモロ司法制度」，11条「公の秩序と安全保障」，12条「財政的自律」，13条「経済および家産」，14条「復興および開発」，15条「住民投票」，16条「バンサモロ移行当局」（Bangsamoro Transitory Authority），17条「修正および改正」，18条「最終規定」から構成される。以下では，違憲論の論点となったところを中心に，バンサモロ基本法案の概要をみてみよう。

既存のARMMに代わる政治的実在（Political Entity）は「バンサモロ」とされる（法案1条2節）。バンサモロの成立とともにARMMは廃止される（同18条5節）。バンサモロを構成する人的要素として，「バンサモロ人民」を，「征服および植民地化の時にミンダナオおよびスルー群島ならびにパラワンを含む接続する諸島の現地民または本来の住民（natives or original inhabitants）とみなされる者ならびに混血であるか純血であるかを問わず，その子孫は，生得的帰属または自身による帰属（ascription or self-ascription）により，自らをバンサモロと同定する権利を有する」（同

---

14) フィリピン大学法学部のマガリョナ教授は，この行政命令が，必要であれば大統領が憲法改正も提案できることを支持する点について，憲法を蹂躙するものと批判する（Magallona 2015, 27-28）。

2条1節)と定める。その一方で,「他の先住的人民の選択の権利」が尊重されることを明記する(同2条2節)。

領域的要素として,バンサモロ領域(Bangsamoro Territory)は,中核領域(Core Territory),隣接領域(Contiguous Territory)およびバンサモロ水域(Bangsamoro Waters)により構成される(同3条「領域」)。中核的領域とは,(a) ARMMの現行の地理的範囲,(b) 2001年の人民投票においてARMMに含められることに賛成が多かった北ラナオ州や北コタバト州の一部[15],(c) コタバト市・イサベラ市のほか,(d) バンサモロ基本法案承認前の2カ月前までに地方政府単位の決議または登録有権者10％以上の申立てによりバンサモロに含められることが求められた隣接地域からなる(同2条2節)。他方,隣接領域は,中核領域外の隣接する地域で,時期を問わず登録有権者の10％以上の申立てによる人民投票の有効投票の過半数の賛成で領域の一部となる地域をいう。バンサモロ領域は,フィリピンの一部であることが明記される(同3条1節)。

統治構造については,議院内閣制を採用する(同4条2節)。バンサモロ政府は,(1)バンサモロ議会(Bangsamoro Parliament),(2)議員の過半数により選挙される首相(Chief Minister)(同7条28節,29節),(3)首相が任命する大臣等による内閣(Cabinet)で構成される。バンサモロ議会の定数は60人以上とされ,法律の定めによる(同7条4節)。選挙方法は小選挙区から40％,地域政党比例名簿から50％が選挙されるほか,セクター別代表に議席10％が留保される(同7条5節)。議員の任期は3年とされ,3期を超えることはできないとされる(同7条11節)。このほか,イスラーム教徒が多い国などでみられる宗教的指導者としてワーリー職が設けられている(同8条)。ワーリーは「精神的指導者」(titular head)(同8条

---

15) バンサモロ基本法案3条2節bは,中核的領域に「2001年の住民投票においてARMMに含められることに賛成したラナオ・デル・ノルテ州内のBaloi, Munai, Nunungan, Pantar, Tagoloan, Tangkalの町ならびに(北コタバト州の〔引用者補足〕)Kabacan, Carmen, Aleosan, Pigkawayan, Pikit, Midsayapの町のすべてのバランガイ」を含める。後者の6つの町は,住民投票において賛成多数であったが,ARMMと隣接していないなどの理由でARMMには含められなかった。

III

1節)とされ、首相の就任宣誓を執り行うとされる(同6条31節)。このほか、バンサモロ人権委員会(同9条7節)の規定がある。

司法は中央政府の権限であるが、バンサモロ司法制度(同10条)はムスリムのみに適用されるシャリーアと先住的人民のための伝統的または部族的司法制度を定める(同10条1節)。

バンサモロ基本法案には、中央政府とバンサモロとのあいだの権限の配分の規定をおいている。一般に連邦制国家においては、憲法や法律において連邦政府と州政府とのあいだの権限の配分を定めるルールをおくのが通例であり、同様に単一国家であっても一定の自治区を認める場合にそのような規定がおかれるのが通例である。政府とバンサモロ政府との権限の分配は、CABおよび「権限分担附属書」(annex to power sharing)で合意され、その内容をバンサモロ基本法によりさらに具体化している。バンサモロ基本法の規定によれば、(1)中央政府により保持される権限および管轄権である留保権限(reserved powers)(同5条1節)(2)バンサモロと中央政府が共有する、つまり両者がともに行使する競合的権限(concurrent powers)(同5条2節)、(3)専らバンサモロ政府に属する権威および管轄権である専属的権限(exclusive powers)(同5条3節)に分けられる。

中央政府の留保権限には、CABおよび附属書にある「防衛および対外的安全保障」、「外交政策」、「共通市場およびグローバル貿易」、「貨幣鋳造および金融政策」、「市民権および帰化」、「郵便サービス」のほか、「移民」、「通関および関税」、「知的財産権」を加えた9項目とされた。なお、両当事者の合意によりそれぞれの権限が追加されることが明記された。競合的権限には14項目、排他的権限に26項目が定められた。このほかに、既存のARMMに付与されていた権限はバンサモロ政府に移転されることが明記される(同5条4節。ほかの排他的権限はa.〜f.(a)-(p))。

3-3 バンサモロ基本法案の違憲性をめぐる議論

バンサモロ基本法案は、MOA-ADを違憲とした最高裁判所判決をふまえて起草されたものであるが、その違憲性を指摘する声は強かった。上院の憲法修正法典改正委員会の報告書は、法案が憲法改正を要すると結論す

る（Senate 2015）。また，バンサモロ基本法案が国土を分断（dismemberment）するものであることから憲法との適合性が問題になり，それゆえに議会がそのような立法を行う権限を有するかが問題になるとしている（Bacus 2015）。

(1) 中央政府とバンサモロ政府との関係

バンサモロ基本法案の批判論者のひとりであるフィリピン大学法学部のメルリン・マガリオーナ教授（Merlin M. Magallona）は，中央政府とバンサモロ政府とのあいだの権限配分に関する規定は，バンサモロ政府との関係において，中央政府はそれに留保されていない権限を行使できないことを示唆する，と指摘する。この理解に従うと，交渉当事者は，「政府の権限を決定する契約的関係を結び，また，国民政府の一部をなす自治地域の創設を行う法的権限および主体性をもつと想定するが，政府権限を断片化し，留保権限などのカテゴリーに分割することを正当化する基礎を現行の憲法に見出すことはできない」と批判する（Magallona 2015, 20-21）。

(2) 憲法上の自治地域とバンサモロ政府

バンサモロ基本法案の違憲論のもうひとつの視座は，バンサモロ政府は憲法が予定する「自治地域」（autonomous region）として正当化できないということである。

違憲論者は，「バンサモロ基本法は中央政府から相対的に独立して機能することを意図された，それ自身の領域，人口，政府および天然資源を備えた政治システムをフィリピン国内に創設」するものであり，「憲法により自治地域に与えられた性質をはるかに超えて，権限，機能および責任」を有する組織となる点を批判する。

違憲論者は，自治地域を定める1987年憲法9条15節の「この憲法およびフィリピン共和国の国家主権および領土保全の枠組み内において」という規定を基準に，バンサモロ基本法案の違憲性を主張する（Magallona 2015）。具体的には，バンサモロ基本法が認められる基準として，(1)憲法による規定との適合性，(2)共和国の主権，(3)領土保全などの原則に抵触しないといった3つの基準が論じられる（Magallona 2015, 25）。

さらに，議会および大統領が，包括的協定およびバンサモロ基本法の規

定を決定していくにあたり，憲法改正の必要性が生じることを理解したうえでなおも議論を進めている点が憲法の枠外の動きに該当すると批判する (Magallona 2015, 27-28)。

下院特別委員会で証言したメンドーサ元控訴裁判所首席判事は，最高裁判所により違憲とされたMOA-ADと比べて，バンサモロ基本法案はより憲法に適合するが，まだ違憲の可能性が残ると指摘する（Mendoza 2015）。メンドーサは，バンサモロ領域，バンサモロ人民，政府の形態，政府の権限，バンサモロ政府の一般的監督，非対称的関係といった側面について違憲論を展開する。

メンドーサは，まず「領域」という言葉の使い方から批判を開始する。1987年憲法1条は，「国家領域はフィリピン群島から構成する（The national territory comprises the Philippine archipelago……）と定めるが，バンサモロ基本法はムスリム・ミンダナオそのものを「領域」（Territory）と呼んでいることに注目する。メンドーサによれば，「領域」とは，たとえば，独立前のフィリピンがアメリカの「併合されていない領域」（unincorporated territory）と呼ばれていたことや，国連信託統治領の例などにみられるように，国家主権および領土保全の枠外に当該地域をおく可能性にも繋がる。そして，バンサモロ領域という言葉を使うのは，「独立を待つフィリピンから切り離された部分」とみていることを示唆すると結論する（Mendoza 2015, 2）。

また，メンドーサが批判のもうひとつの根拠とするのが，自決権に関する議論である。メンドーサは，一般に自決権は，植民地の人民が独立を達成するための権利として国際法上確立しているが，既存の国からの少数派の分離独立を含まないという見解が一般的であって，こうした状況を前提に，自決権の原則は「バンサモロのような民族集団には適用され得ない」（Mendoza 2015, 3）と主張する。バンサモロは，「植民地ではなく，憲法が地域的な自治を与え得るフィリピンの一部である」と解されてきたのであり，自決とは先住民に関係する国際法の議論において用いられているように，「内部的自決」（internal self-determination）としてとらえられてきた（Mendoza 2015, 3）。そして，バンサモロ基本法は，選挙法典により投票権

や公職を「バンサモロ人民」に限定する旨の規定をおくことを定めるが，同地域に居住するが，バンサモロではないフィリピン市民から憲法により保障された権利を奪うことになり得るとする（Mendoza 2015, 4）。また，バンサモロ基本法が議院内閣制を採用していることは，憲法が自治地域に公選による執行部門と立法部門をおくことを命じる1987年憲法の規定に反する（Mendoza 2015, 5）とする。

　バンサモロ基本法案は，議会特別委員会における審査に付されたものの，そのまま議会は任期を迎え，廃案となった（鈴木 2016, 328）[16]。バンサモロ基本法案に対する司法的判断は下されておらず，その違憲性の論議に決着がついたわけではないが，2008年のMOA-ADに対する違憲判決をふまえて起草されたにもかかわらず，多くの論者がその違憲性を主張し，その違憲性の疑いを払しょくすることが最後までできなかった。

第4節　ドゥテルテ政権期における取り組み

4-1　連邦制導入論の台頭

　違憲の疑いが色濃いバンサモロ基本法案は議会の承認を得られないまま，アキノⅢ政権が任期満了を迎え，和平合意の具体化は次のドゥテルテ政権に委ねられた。ドゥテルテは，南部フィリピン問題の解決にも強い意欲を示した。そのひとつの方策として，政権の支持基盤の強さを背景に，連邦制の導入を柱とする憲法改正によって正面突破をねらった。

　2017年12月に議会に提出された憲法改正案は，憲法を全面改正しようとするものである。議会での法案修正も行われると予想されるが，ここでは改正案が描く「連邦制」の骨子を確認したい。与党PDP-Laban党の案[17]

---

[16] 2015年1月にマギンダナオ州で警察特殊部隊とMILFらとの銃撃戦が起き，特殊部隊側44人を含む67人が死亡した。この事件で和平合意の実現に向けた動きは後退し，慎重論が高まった（鈴木 2016, 326-328）ことも要因のひとつである。

[17] 2017年には与党議員による憲法改正案のほか，別の議員グループによる改正案も提出された。

では（以下，カッコ内の数字は節の数），前文，1条「国家領域」(1)，2条「原則および国家政策の宣言」(28)，3条「権利章典」(22)，4条「市民権」(5)，5条「選挙権」(2)，6条「連邦立法府」(35)，7条「連邦執行府」(36)，8条「連邦司法府」(15)，9条「連邦憲法委員会」(44)，10条「地域的および地方政府」(Regional and Local Governments) (40)，11条「公職の説明責任」(18)，12条「国民経済および家産」(15)，13条「社会正義および人権」(14)，14条「教育・科学技術・芸術・文化およびスポーツ」(19)，15条「家族」(4)，16条「一般規定」(12)，17条「修正および改正」(4)，18条「移行規定」から構成される。このうち本節との関係で重要であるのは10条である。

　与党案では，フィリピンは「連邦共和国」(federal republic) に名称を変更することが提唱される。大きな特色としては，連邦の構成単位が，アメリカなどの連邦制国家にみられるようなstate（州）ではなく，region（地方）とされていることがある。この理由について，法案に付された注は，連邦共和国の準国家単位（subnational unit）を示す語として，連邦と州が主権を共有する連邦制であることを示す「州」(state) はなく，連邦のみが主権を共有する連邦制を採用するからである，と説明する（草案39ページ，注76）。

　2018年末現在，フィリピンには17の地方（ARMMを含む）が設定され，それぞれが複数の州，町，バランガイなどの自治体で構成される。現行の憲法においては，地方（Region）そのものは自治体とはなっていない。憲法改正案は，自治体（憲法の用語では「共和国の領域的かつ政治的下部機構」）(subdivision) として，従来の州，市，町，バランガイの上位に「地方」(region) およびARMMを位置づける（憲法改正案10条1節）。また，「地方」に自動的に自治権が認められるのではなく，組織法の制定と住民投票を条件に自治が認められるという構成をとる。

　憲法草案は，地方政府と連邦政府との権限の調整や，議院内閣制の構造などの枠組みを定めるが，詳細については，1991年地方政府法典（RA7160）および各州で制定される組織法に委ねられている。憲法は，自治地域政府の構造について，公選の地域立法議会によって選出される主席大臣（chief minister）が内閣を組織する議院内閣制を採用する（憲法改正案同条31節，32節）。また，憲法改正案は，組織法が制定されるまでは当該地域内の州知事，市長等で構成する地域委員会（regional commission）が暫定地域政府となるとする（同28節）。

　憲法改正案について，2点指摘しておこう。第1は，連邦制の採用を謳うものの，主権の共和国全体への帰属という原理を維持することが表明されており，むしろ，国土を分割することへの拒絶を改めて確認するものとなっていること。第2に，各地域の政府機構の詳細は，憲法改正後に制定が予定されている地域・地方政府法典と地域別の組織法に委ねられている。たとえ憲法改正が実現したとしても，和平合意のその具体化はさらに時間を要するということである。つぎにみるように，新たなバンサモロ組織法の制定が行われたことで政治的にも憲法改正を急ぐ必要性は減ったのだから，憲法改正に向けてより慎重な検討を行うべきだろう。

4-2 2018年バンサモロ組織法の成立

　上述の憲法改正論議が進められる一方で，バンサモロ基本法案に代わるバンサモロ組織法が2017年10月に下院に提出され，さらに2018年2月になって上院に提出された。両院合同委員会でまとめられた最終案は，2018年7月に上院および下院それぞれで承認され，2018年7月26日にドゥテルテ大統領が署名したことで同法は成立した（RA11054）。同法は，MILFとの和平合意の内容を実現するため，既存のARMMに代わって，「ムスリム・ミンダナオにおけるバンサモロ自治地域」（Bangsamoro Autonomous Region in Muslim Mindanao: BARMM），それを短縮して，「バンサモロ自治地域」（Bangsamoro Autonomous Region）を創設することを目的とするものである（組織法1条3節）。新法は，前政権期において廃案となったバンサモロ基本法案を受け継ぐものであるが，同法案に対してその違憲の可能性を指摘する意見が強かったことをふまえて，多くの点で変更がみられる。このことは新たに設置される政治単位の名称に憲法上の文言である「ムスリム・ミンダナオ自治地域」（ARMM）が採用され，また，設置する法律についても，憲法の規定に即して「組織法」という用語が用いられ

ている点にもあらわれている。その一方で，違憲論者により指摘された点すべてに対応しているわけではないため，裁判所においてその合憲性を再び争われる可能性は残る。

　もうひとつ注意すべき点は，実際にバンサモロ自治地域が成立し，正式に活動を始めるまでに，いくつかのプロセスを経ることが必要とされており，その過程には時間がかかることである。まず，バンサモロ自治地域の発足は，関連地域における住民投票による承認を条件としており，この投票は組織法の発効から遅くとも150日以内に実施されなければならない（組織法15条2節）。この投票においては，ARMMに代わるバンサモロ自治地域の設置の可否や，それぞれの地域がバンサモロ自治地域に参加することへの意思の有無が住民に問われることになる。バンサモロ自治地域が成立した場合に新設されるバンサモロ議会の最初の選挙は，2022年の全国統一選挙と同時に行われることになっており，議会が正式に発足するまでの移行期間はバンサモロ自治地域の政府としてバンサモロ移行当局が設置される。

(1) 基本的な特徴

①地理的範囲

　前節で検討したバンサモロ基本法案に対する違憲論を念頭に，バンサモロ組織法の特徴を示してみよう。第1に，バンサモロ基本法案では，「領域」(Territory) という用語を使っていたことが批判のひとつの根拠となっていたが，バンサモロ組織法では，バンサモロ自治地域がもつのは「領域管轄権」である，とされる（組織法1条）。

　バンサモロ自治地域に含まれることが想定されている地域の範囲は，バンサモロ基本法案とほぼ同様である。(1)現行のARMM，(2)2001年の住民投票でARMMに賛成した地域，(3)コタバト市，イサベラ市，(4)その他接続地域で登録有権者の10％の請求に基づき地方自治体が申請するもの[18]，

---

18) バンサモロ組織法では，接続地域による承認について，「直接に影響を受ける政治単位」(15条3節) の承認を要する旨の規定が設けられたが，具体的な基準は明確ではない。

である（1条）。レファレンダムで過半数の賛成によって，組織法を承認すること，言い換えれば，バンサモロ自治地域の創設とそこへの参加を承認した地域がバンサモロ自治地域を構成することになる（1条）。なお，住民投票では，ARMMに含まれる州および市はひとつの地理的範囲として投票を行うとされる（15条3節a)[19]。

②バンサモロ人民

バンサモロ基本法案に対しては，一方で「バンサモロ人民」とそれ以外の住民との区別を設けること，他方で，さまざまな民族集団をバンサモロに押し込めてしまうことへの批判があった。バンサモロ組織法でも，「バンサモロ人民」を自治の中心的な担い手と位置づける前提は変わらないものの，バンサモロに入れられたくない住民・集団への配慮や，国民統合の確保を意識した見直しが行われたといえ，具体的には次のような規定にそのような配慮がうかがえる。

第1に，バンサモロ人民の定義についても，若干の軌道修正が行われた。バンサモロ組織法では，「スペインによる植民地化が始まったときに，ミンダナオおよびスルー諸島ならびに隣接する諸島の現地民または元々の住民であるとみなされた者は，混血か純血かを問わず，自分自身，配偶者および子孫をバンサモロと自認する権利を有する」（2条1節）と定める。バンサモロ基本法案における規定と類似するものの，「スペイン」が明記されたことで歴史的な範囲が明確になったほか，パラワン島への言及がなくなったことで，バンサモロの範囲が狭まる可能性が出てきた。

第2に，バンサモロ組織法1条3節は，政治単位としてのバンサモロ自治地域の創設が，「バンサモロ人民の信念の正しさと正当性」，ならびにバンサモロ自治地域における「フィリピン人ムスリムおよびすべての固有文化共同体がそのアイデンティティと子々孫々を守ろうとする願望」を認め，憲法と主権ならびに領土保全の枠組み内において有意の自治を認めることにある，と宣言する。バンサモロ基本法案の規定と比べて，バンサモ

---

19) なお，イサベラ市の参加には，バシラン州の他の地域がイサベラ市の参加に賛成することを要する（15条3節e）。

ロをより相対化するものとなっている。

　4条「一般原則および政策」のなかでは，バンサモロ以外の人々の権利についても規定が設けられている。4条9節は，バンサモロ政府は，憲法と国家法の枠組み内において，非モロ先住民（non-Moro indigenous people）の権利を承認し，および促進しなければならないと定める。また，10節は，(1)バンサモロ自治地域内のすべての人民の「選択の自由」は尊重されなければならないこと，(2)先住民が，バンサモロの政治的アイデンティティに加えて，それぞれ異なる固有の民族的アイデンティティ（distinct indigenous and ethnic identity）を保持する自由を有すること，(3)アイデンティティ，宗教および民族を理由とする差別が禁止されるべきことを定める（4条9節）。

　また，バンサモロ組織法には，バンサモロ基本法案にはなかった自治拡大の動きに一定の歯止めをかけようとする規定が新たに盛り込まれた。「領土保全と忠誠」と題された4条1節が，新たに盛り込まれた規定である。バンサモロ自治地域は，フィリピン共和国の領域の「一体的，不可分かつ分離不可能な一部」（integral, indivisible, and inseparable part）であり，バンサモロ人民は，土地の基本法である憲法を支持し，かつフィリピン共和国に対して瞭然たる忠誠と忠実を尽くさなければならない，とする（4条1節）。また，バンサモロ自治地域に旗，標章，賛歌の採択を認める一方，フィリピン国旗とともに掲揚されるべきことやフィリピン国歌が先に斉唱されることなどを要求する（2条2節）。分離独立の動きが強まることに対する懸念に対応するものといえよう。

(2)　バンサモロ政府

　バンサモロ自治地域にはバンサモロ政府（Bangsamoro Government）がおかれる。バンサモロ政府は，議院内閣制（parliamentary system）を採用し，バンサモロ議会と主席大臣を長とする内閣（cabinet）がおかれる。また，バンサモロ政府の「儀式上の長」（ceremonial head）としてワーリーの職をおく（8条1節）。そして，これらとシャリーア裁判所で構成するバンサモロ司法制度を創設する。

　政府の権限は，バンサモロ議会に属し（7条2節），バンサモロ議会は，バンサモロ政府の権限の範囲内において法律を制定する（7条3節）。

バンサモロ議会の定数は80人で，フィリピン議会は法律により増員することができる（7条6節）。議員の任期は3年で，連続して3期を超えて在職することはできない（7条11節）。資格要件は，フィリピン市民であること，選挙日において満25歳以上であること，識字能力があり，自治地域の登録有権者であることである（7条12節）。

　議員の種類は次の3つに分かれる。第1は，比例代表制により選挙される政党[20]代表たる議員（50％），第2はいわゆる小選挙区制で選挙される議員（40％以下），第3は，留保議席・セクター別代表（10％以上。最低8人）である（7条7節）。留保議席として，非モロ固有コミュニティと入植者コミュニティそれぞれに2議席が与えられ，セクター別代表としては女性，青少年[21]，伝統的指導者およびウラマの各セクターにそれぞれ1議席が与えられる（7条7節c）。

　執行機能・権限は，主席大臣を長とする内閣によって行使される（7条4節）。主席大臣は，バンサモロ議会の過半数の賛成により選出される（7条4節）。主席大臣の資格要件は，出生によるフィリピン市民であること，識字能力，さらにバンサモロ議会の議員であることが求められる（7条30節）。主席大臣の諮問機関として，指導者評議会（council of leaders）が設置される（6条9節）。同評議会は，(1)主席大臣を長とし，(2)バンサモロ自治地域選出のフィリピン議会議員，(3)州知事および市長，(4)非モロ・コミュニティ，女性，入植者コミュニティ，若者，自治地域外のバンサモロ・コミュニティの代表，(5)その他の部門の代表によって構成される（6条9節）。

　バンサモロ組織法には，内閣不信任決議と議会解散の制度が設けられているが，その不信任決議には議員総数の3分の2以上の多数の賛成が必要とされる。不信任決議が成立したときは，首相は72時間以内に，ワーリー

---

20)「人民の選択に従った自由かつ公開の地域政党制度の進化」を図るため，バンサモロ議会選挙には，COMELECで承認されたバンサモロ選挙事務所が認証した政党のみが参加できる（7条9節）。
21) 青少年部門の代表の要件として年齢が18歳以上30歳以下であることを要する（7条11節）。

に議会の解散と選挙の実施を助言することができる（6条36節）。ワーリーはこの助言を取り消すことができない（6条36節3項）と定められており，解散の決定は実質的に主席大臣の判断による。

(3) バンサモロ移行当局

住民投票によりバンサモロ自治地域の創設が承認されてから，最初の選挙によってバンサモロ政府が正式に発足するまでの移行期間における暫定政府として，移行当局がおかれる（組織法14条1-2節）。この移行当局により，和平合意の実現とバンサモロ自治地域の安定的な運営のために，重要な制度設計や利害調整が行われると考えられる。組織法は，移行当局においてMILFが主導することを明言する一方，このことがMNFLの参加を害さない，という文言が追加されて，MNFLにも配慮する（14条2節）。

移行当局は大統領が任命する80人の議員で構成され，現行のARMMの公選の官吏は当然に移行当局の議員となる（その任期である2019年6月まで）（14条3節）。また，モロ以外の先住民コミュニティ，若者，女性，入植者コミュニティ，伝統的指導者その他の部門の代表を認めなければならない（14条3節3項）。

移行期間においてはバンサモロ自治地域の立法権・執行権は移行当局に属する。立法権は移行当局によって行使されるものの，執行権の行使は大統領によって任命される暫定主席大臣に委ねられる（14条3節）。暫定主席大臣は暫定内閣を組織するため15人の大臣を任命する（14条8節）。

移行当局が達成すべき事項として，バンサモロ行政法典（Bangsamoro Administrative Code），バンサモロ歳入法典（Bangsamoro Revenue Code），バンサモロ選挙法典（Bangsamoro Electoral Code），バンサモロ地方政府法典（Bangsamoro Local Government Code），バンサモロ教育法典（Bangsamoro Education Code）の制定などが明記される（14条4節）。既存のARMMは廃止され，その資産・人材はバンサモロ政府に移行する。ARMMからの退職者の処遇の問題などの規定も設けられているが，移行過程において，政府・行政機構において人の入れ替えが生じることも想定されているのである。

おわりに

　本章では，南部フィリピン紛争を憲法という側面から検討した。1987年憲法において導入されたARMMは，民族紛争を憲法という法的枠組みのなかで解決しようとする試みであった。ミンダナオ島の一部とはいえ，南部フィリピンのムスリムに自治を確立したことの意義は大きかったが，ARMMが同地域の安定や成長に十分に寄与したとは言い難い。憲法制定から30年が経過した今，ARMMは新たなニーズに応えられなくなっていた。

　アロヨ政権期におけるMOA-ADの和平合意の実現に向けた動きが進展するなか，和平に関する包括合意に対する最高裁判所の違憲判決やバンサモロ基本法案の合憲性をめぐる憲法論議は，自治構想と既存の憲法体制との緊張の高まりを示すものであった。

　ドゥテルテ政権のもとでは，2つの方向で対応が進められた。ひとつは憲法そのものを変えてしまおうとするもので，連邦制の採用を中心とする憲法改正案の提出であり，他方は，より憲法への整合性を意識して準備されたバンサモロ組織法である。新たな組織法が，違憲性の疑いを完全に払しょくできたとはいえず，違憲訴訟が提起される可能性を残すものの，和平合意の実現に向けた環境整備が大きく進んだことは確かである。同法の成立は当事者の関心をバンサモロ政府の詳細な制度設計や利害調整，そして2022年に予定される選挙の準備へと向かわせることになるだろう。

　バンサモロ組織法の成立によって，憲法改正論議は後退すると思われるものの，20年余りにわたる一連の憲法論争の歴史を振り返るならば，「連邦制」導入論は今後もくすぶり続けると思われる。2017年に憲法改正法案が提出されたことで，少なくとも連邦制が問題解決のためのオプションであることが示されたからである。しかしながら，連邦制にもさまざまな制度設計のバリエーションがある。そして，必ずしもこれまでフィリピン国内で連邦制をめぐって議論が深められてきたとはいえない。南部フィリピンのムスリムだけでなく，多様な集団を抱えるフィリピンにおいて，連邦

制がどのようなインパクトを与え，中央・地方関係をどのように変化させていくのか，今後の議論を注視していく必要があるだろう。他方，現在提出されている憲法改正案は，連邦制以外の修正を含んでいる。過去30年間の憲法改正の試みがすべて頓挫してきたことを思い起こすならば，かつての憲法改正案のように国民の反対運動に直面して成立しない可能性も少なくない。同政権がはたしてその目論見どおりに憲法改正を押し切ることができるのか注目される。

　2018年5月にはミンダナオ島のラナオ・デル・スル州マラウィ市（City of Marawi）において，国軍・警察とイスラーム過激派武装勢力（アブサヤフ，マウテ・グループ）[22]との激しい戦闘が始まり，ドゥテルテはミンダナオ島全域に戒厳令を布いた。10月末に鎮圧するまで，双方に1100人を超える死者が発生し，住民35万人以上が避難を強いられた。MILFはこれら過激思想に傾斜する勢力に一切同調していないが（鈴木 2018, 317-319），南フィリピン紛争の解決の困難さを改めて示すものといえよう。

〔追記〕
　2019年1月21日，2月6日に行われたバンサモロ組織法に関する住民投票の結果，新たなバンサモロ自治地域（BARMM）が承認された。コタバト市と北コタバト州の63のバランガイが加わるが，イサベラ市では否決された。

---

[22] アブサヤフは，地元住民，外国人などを拉致する身代金誘拐事件を頻繁に起こしており，身代金が支払われなかったことを理由に，カナダ人，ドイツ人の人質を斬首するといった行為を繰り返していた（鈴木 2017, 344-325）。

第5章

フィリピンにおける市場と法
——競争法を中心に——

知花 いづみ・今泉 慎也

はじめに

　1987年憲法の下でフィリピンにおける経済と法とのかかわりはどのように変化してきたのであろうか。本章は，その糸口として2015年に制定されたフィリピン競争法（Philippine Competition Act: RA10667）（以下，競争法）の背景や規制の特徴を考察するものである。

　フィリピンはアメリカ統治期の1925年に独占禁止法が制定され，アジア諸国のなかではかなり早くから競争法制の整備が始まった国であった。しかしながら，1990年代以降にほかの東南アジア諸国においても包括的な競争法の整備が進み，むしろフィリピンは競争法整備で大きく出遅れることとなった。2015年になって競争法が成立し，その実施・執行を担う「フィリピン競争委員会」（Philippine Competition Commission）（以下，委員会）が新設されたことで，フィリピンはようやくスタートラインに立つことになった。本章で概観するように，委員会には強力な権限が付与されており，競争法の成立はフィリピン経済に大きなインパクトを与えることが予想される。

しかしながら，新たな競争法がフィリピン経済に与える影響を現段階で評価するのはまだ難しいであろう。一般に競争法や独占禁止法は，競争当局による基準やガイドラインの策定やそれに基づく具体的な案件の処理や裁判所の判例の蓄積を通じて，その内容が明確になっていくからである。競争法がどのようにフィリピン経済を変えていくかは今後の運用のなかで次第に明らかになるであろうし，それには多くの時間がかかるだろう。
　フィリピン競争法については，すでにいくつかの文献が公表されている。園田・川原（2015）は日本語でフィリピン競争法の概要をいち早く紹介したもので，短いながらも競争法の要点を簡潔に示す。また，Lim and Recalde（2016）は，フィリピン競争法についてのおそらく最初の解説書である。同書は，法文の解釈や海外の競争法制の理論に依拠するだけでなく，法案の提案者である議員の説明など制定過程における議論も参照する点が特徴的である。同書は今後の委員会の実行や判例の展開を分析していくうえで基点を示すものといえよう。Dolot et al.（2015）は，競争法によりフィリピン法に新たに導入された法概念や手続と既存の制度との整合性の問題があり，競争法をフィリピンのコンテキストにどう根づかせていくかが課題であることを指摘する。
　第1節では，競争法の内容を検討する前提として，フィリピンにおける憲法と経済との関係について考察した後，第2節では，競争法の発展の経緯，競争法の規制体系やその実施・執行の仕組みについて概観する。

第1節　憲法と経済

1-1　経済改革と法

　経済のグローバリゼーションのなかで，フィリピンも市場メカニズムを重視した経済運営に軸足を移し，1980年代後半から貿易自由化，規制緩和，民営化などの施策がさまざまな分野で進行した。1990年代に急速な経済成長を経験したほかのASEAN諸国には出遅れたものの，フィリピンはこの時期に大きな変化を経験した。たとえば，1995年のWTOの成立や1997年

のアジア経済危機は，フィリピンにおいても経済法制改革を促す要因となった。また，財政赤字の解消は，再民主化後のフィリピン経済にのしかかった課題であり，税制改革，国有企業の民営化等の財政再建の取り組みを長期に行うことを余儀なくされた（柏原 2010; 鈴木 2010）。その改善は治安の悪化，長期の経済低迷にともない決して順調とはいえなかった[1]。政府の役割は，国有企業や事業参加を含む産業保護，産業振興から，市場整備などによる競争環境の維持や消費者保護などのセーフティネットの整備へと力点が変わってきた。

時々の政権において，経済改革を推進するため多くの立法が行われた。たとえば，「1991年外国投資法」（RA7042）（1996年改正，RA8179），「1995年鉱業法」（RA7942），「1997年農業漁業近代化法」（RA8435），「2000年小売取引自由化法」（RA8762），「2001年電力産業改革法」（RA9136）などである。また，金融分野では，「1993年新中央銀行法」（RA7653），1994年の外国銀行参入・事業範囲自由化法（RA7721）（2014年改正で外銀参入の全面的自由化RA10641），「2000年一般銀行法」（RA8791）などの整備が進んだ[2]。こうした改革に対しては，後述する憲法が定める経済条項を根拠に最高裁判所による違憲判断が示されることがあった。

一般に，特定の分野または産業を対象とする立法は，当該分野・産業に即した市場ルールや適正な権限と能力を備えた規制当局の整備などが競争環境を維持する役割を果たす一方，製品やサービスの質・安全性，公衆衛生など他の政策的要請や利害関係者間の調整などから競争法とは異なる側面をもつ。たとえば，適正な競争や安全性維持のために事業者に許可・登録のために高い基準を求めることは新たな参入を妨げる面をもつことがあるからである。分野別の規制と競争法との関係，あるいは分野別の規制当

---

1) 柏原（2010）によれば，再民主化後にIMF，世銀融資が再開したことで，構造調整政策下で金融部門の自由化，インフラ整備，投資法制の整備によるFDIの誘致が行われ，フィリピン政府は1994〜1997年に財政黒字を達成した。しかしながら，インフラ整備が課題になるなか，電力・水道などの国有企業の財務悪化にともない，再び債務残高が増加し，2004年にはアロヨ大統領が財政危機宣言を出した。
2) フィリピンの金融制度については，柏原（2005），大和総研（2014）を参照。

局と競争当局との調整をどのように図っていくかが，競争法制の設計と運営の重要な論点となる。

1-2 憲法と経済

表5-1は1987年憲法における経済運営にかかわるおもな条文を抜粋したものである。フィリピン憲法は，経済的，社会的な諸政策にかかわる条項[3]を多く含むことに特色がある。最高裁判所や憲法学者は，フィリピン憲法が，1935年憲法当時からレッセフェール（自由放任主義）を否定し，福祉国家を採用してきたことを強調する（Santiago 2016, 1034）。また，憲法の番人として裁判所は，憲法に埋め込まれた諸政策（constitutionalized policies）を擁護することが裁判所の義務であるとして，経済問題への司法の介入にむしろ肯定的な評価をする者も少なくない（Agabin 1997）。

経済ナショナリズムの強調は1987年憲法の特色であるが，それを象徴するものとして注目を集めてきたのが，憲法12条の「国民経済および国民財産」（National Economy and Patrimony）の諸規定である。とくにフィデル・ラモス政権期（1992〜1996年）以降，自由化・規制緩和・民営化・外資導入を進めようとする政府の政策や立法に対して，最高裁判所が違憲判断を示す事例が増加し，判決においてしばしば経済条項がその根拠とされたからである（知花 2005）。

「マニラ・プリンス・ホテル事件」[4]においては，「国民経済および国民財産を対象とする権利，特権およびコンセッションの付与に際して，国は，有資格のフィリピン人を優先する」（12条10節）といういわゆるフィ

---

3) フィリピン憲法が政策条項を多く取り入れるようになったひとつの理由に，レッセフェールに依拠したアメリカ統治時代の判例の影響を遮断することがあった。1930年代後半までアメリカ連邦裁判所は州法による経済的・社会的規制を，契約自由の原則などを根拠に違憲と判断してきたが，そのような動向を当時のフィリピン最高裁判所も，1924年に労働保護やコメ価格規制のための立法に対して無効判決を出すなどして踏襲した。1935年憲法はこうした判例の影響力を排除するため，女性や子どもの労働保護などの政策規定を挿入したとされる（Agabin 1997, 180-181）。
4) 「マニラ・プリンス・ホテル対公務員保険機構」事件（Manila Prince Hotel v. GSIS, G.R. No. 122156, February 3, 1997）。

表5-1　1987年憲法の経済関係条項

2条　原則および国家政策の宣言
19節　国は，フィリピン人によって実効的に管理された自立的かつ独立の国民経済を発展させる

12条　国民経済および国民財産
1節　国民経済の目標は，機会，所得および富の衡平な分配，人民の便益のため民族により生産される財およびサービスの持続的な増加，ならびにすべての者，とくに社会的弱者の生活の質の向上の鍵としての生産性拡大である。
　　国は，人的および天然資源を完全かつ効率的に使用し，ならびに国内および外国市場において競争力ある産業を通じて，健全な農業開発および農地改革に基づく工業化および完全雇用を促進する。ただし，国は，外国の不公正な競争および取引慣行からフィリピン企業を保護する。
　　これら目標を達成するため，経済のすべての部門および国のすべての地域は，発展する最適な機会が与えられなければならない。法人，協同組合および類似の集団的組織を含む私企業は，その所有の基盤を拡大することを奨励される。
2節　すべての公有地，水域，鉱物，石炭，石油およびその他の鉱油，すべての潜在的エネルギー，漁業資源，森林もしくは木材，野生生物，動植物ならびにその他の天然資源は，国により所有される。農地を例外として，他のすべての天然資源は譲渡されてはならない。天然資源の探査，開発および利用は，国の完全な管理および監督のもとにおかれる。国は，かかる活動を直接に実施し，またはフィリピン市民もしくはその資本の少なくとも60％をかかる市民により所有される法人もしくは協会とのあいだに共同生産，合弁事業もしくは生産分与協定を締結することができる。かかる協定は，25年を超えない期間とし，また，25年を超えず，かつ法律の定める条件に従って更新可能とし得る。灌漑，水供給，漁業または水力開発を除く，工業的使用のための水利権の場合には，有益利用が付与の基準および限界となり得る。
6節　財産の使用は社会機能をともない，すべての経済的行為者は共通の善に貢献する。個人ならびに法人，協同組合および類似の集団的組織を含む民間集団は，配分的正義を促進しおよび共通の善が要求するときに介入する国の責務に従うことを条件として，経済企業を所有し，設立し，および運営する権利を有する。
10節　議会は，国益が必要とするときは，経済企画機関の勧告に基づき，フィリピン市民に対して，またはその資本の少なくとも60％もしくは議会が定めるそれよりも高い割合がかかる市民により所有される法人もしくは協会に一定の投資分野を留保する。議会は，フィリピン人がその資本を完全に保有する企業の創設および運営を奨励する措置につき法律を制定する。
　　国民経済および国民財産を対象とする権利，特権およびコンセッションの付与に際しては，国は，有資格のフィリピン人を優先する。
　　国は，その国家目標および優先順位に従い，その国家管轄権内にある外国投資を規制し，および権限を行使する。
11節　公益事業の運営のための事業許可，認証またはその他の形態の許可は，フィリピン市民に対して，またはフィリピンの法律に基づき組織され，かつその資本の少なくとも60％がフィリピン市民により所有される法人もしくは協会に対する

> ものを除き，付与されてはならず，また，かかる事業許可，認証または許可は，その性質上，排他的なものであってはならず，また50年よりも長い期間であってはならない。かかる事業許可または権利は，共通の善が要求する場合，議会による修正，変更もしくは廃止に服することを条件とする場合を除き，付与されない。国は，一般公衆による公益事業への資本参加を奨励する。公益事業企業の経営機構への外国投資家の参加は，その資本における持分比率に制限され，ならびにかかる法人または協会のすべての執行および経営役員はフィリピン市民でなければならない。
> 13節　国は，一般福祉に奉仕し，ならびに平等および相互主義に基づくすべての形態および取決めの取引を利用する貿易政策を追求する。
> 14節
> 　…
> 　フィリピンにおけるすべての専門職の実務は，法律に定める場合を除き，フィリピン市民に限定される。
> 16節　議会は，一般法による場合を除き，私法人の設立，組織または規制を定めてはならない。政府が所有または支配する法人は，共通の善のため，かつ経済的妥当性を審査したうえで，特許状により創設または設立され得る。
> 19節　国は，公共の利益が要求するときは，独占を規制または禁止する。取引制限的な結合および不公正競争は認められない。

（出所）　1987年憲法より抜粋（筆者訳）。

リピン人優先条項が援用された。最高裁判所は，同規定が「それ自体完全で，その執行のためにさらなる指針，実施法令または執行ルールを必要としない義務的，積極的な指令であるとして，その作動のための立法を要することなく司法的に執行が可能だとした。

　これに対して，上院によるWTO協定の批准の合憲性が争点になった「タニャダ対アンガラ事件」[5]では，最高裁判所は，「裁量権の重大な濫用」があったかを判断するうえで，経済ナショナリズムは，同条のほかの条文とあわせて読まれるべきだというよりバランスのとれた見方を示した。12条10節は，文面どおりに読めば，権利，特権およびコンセッションの付与にのみかかわるものであるとし，また同条項が自力執行的であるか否かは争点ではないとした。憲法は，①機会，所得および富のより衡平な分配，②人民の利益のため，民族により提供されるモノおよびサービスの持続的増加，③すべての者，とくに機会に恵まれない者のため，生活の質の向上

5）Tañada v. Angara, G.R. No. 118295, May 2, 1997.

の鍵となる生産性の拡大（12条1節）といった国家経済開発の基本目標を定める一方，④「一般福祉に奉仕し，ならびに平等および相互主義に基づく交換の形態および取決めを利用する貿易政策」（12条13節）や「国内および外国市場において競争力のある産業」，「外国の不公正な競争および取引慣行からのフィリピン企業の保護」（12条1節）といった規定があるように，無制限に外国のモノ，サービス，投資が入っていくことは認めないけれども，それは孤立政策をとるものではなく，外の世界の現実を考慮するものである。ここに上院の批准を認めるのに十分な考量的規定があるとし，WTO協定批准を合憲と判断した。

憲法のなかで「競争政策」はどのように位置づけられているのであろうか。1987年憲法において競争政策について述べる12条19節は，国は，公益が要求する場合，独占の規制または禁止を行う。取引制限的結合や不公正競争は認められないと定める（12条19節）[6]。この規定が適用されたのが，石油下流産業規制緩和法の合憲性が問われた「タダット対エネルギー長官事件」（本書第3章参照）である。この事件では，石油下流産業の規制緩和策として，外資系3社の寡占状態にある石油精製への新規参入を促すため，原油と精製油とのあいだに4％の関税差を設けること，備蓄義務，敵対的価格設定の制限などの規定が盛り込まれたことについて，そのねらいとは反対に精製施設をもつ既存の3社に有利であり，寡占を助長するものとなっている点が上記の12条19節に違反すると認定された。

第2節　2015年競争法の制定と特徴

2-1　競争法制定の背景
(1) 史的背景

フィリピンにおける最初の独占禁止法は，アメリカ統治下の1925年に制

---

6) 1973年憲法14条2節もほぼ同一。なお，1973年憲法では「私的独占」（private monopolies）となっていたが1987年憲法では「独占」（monopolies）に変更になった。

定された「1925年独占・取引制限的結合禁止法」（Act 3247）（以下，1925年独占禁止法）である（表5-2）。この法律は，米国のシャーマン法（1890年）をモデルとするもので，8条からなる短い法律であった。その実体的規定は1957年制定の改正刑法典186条に取り込まれ，その結果，残る4つの条文のみが有効であった（谷川・安田1983，364）（表5-3）。しかしながら，改正刑法典による規制は十分に機能していたとは言い難い。ひとつの理由は，刑事訴追を前提として独占禁止規定違反を問う場合には，合理的に疑いのない証明が要求されるため，立件が困難であることがある。

(2) 競争法の制定過程

1980年代半ばからの世界的な貿易自由化や規制緩和の流れのなかで，フィリピンにおいても市場原理を重視した改革が始まった。1986年の再民主化以降，その流れはより強くなったといえる。個別の産業については競

表5-2　1925年独占禁止法（1957年改正）

4条　最高裁判所および第一審裁判所は，本法の違反の禁止および差止めを行う競合的管轄権を有し，また，かかる違反の禁止および差止めのため，手続の開始は，法務長官*，マニラ市法務官および州法務官またはそれらに代行して行為する者すべての義務とする。かかる手続は，事件を提起し，当該違反が差止めまたは禁止を請求する申立ての方法によって行うことができる。被疑者がかかる申立てを適正に通告されたときは，裁判所はできるかぎり速やかに当該事件の聴聞および決定を進める。また，かかる申立ての係争中および最終決定前はいつでも，裁判所は，当該状況において正義とみなされるべき一方的緊急差止命令（temporary restraining order）または禁止をなすことができる。
6条　本法によって禁止され，または違法と宣言されたものにより他の者にその事業または財産を侵害された者は，その被った損害の3倍および合理的な弁護士費用を含む訴訟費用の3倍を回復する。
7条　「人」または「人々」という語は，本法で用いられる際には，法人および協会を含むものとみなされる。
8条　本法はその承認によって効力を発生する。

（出所）　1925年独占禁止法（筆者訳）。
（注）　1）　1～3条，5条は1957年改正により廃止。
　　　　2）　*法務長官の原文表記はAttorney-General（1932年廃止）。現在では訴訟長官（Solicitor-General　1947年創設）。

争政策が存在したが，内容は時代遅れになり，また，その実施は複数の機関に断片化して実効性を欠いていた。競争政策や法の立案・実施を担う組織が存在していなかった影響もある。

近年の包括的な競争法制定の試みは，エストラーダ政権期の第11議会（1998〜2001年）に提出された法案に遡ることができる（Aldaba and Sy 2014, 5)。大統領制をとるフィリピンでは法律の制定法はすべて議員立法

表5-3　1957年改正刑法典186条の概要

186条（独占および取引制限的結合） 　次に掲げる者は最低期間の矯正的懲役刑 (*prison correccional*) もしくは200ペソから6000ペソの範囲の罰金またはその両方を科す。 　1．取引もしくは商業を制限し，または市場における自由な競争を人工的な手段によって阻害するため，契約もしくは協定を締結し，またはトラストもしくはその他の形態の何らかの共謀もしくは結合に参加する者 　2．何らかの商品または取引もしくは商業の目的物を独占し，またはかかる商品または目的物を独占するために他の1もしくは複数の者と共謀し，虚偽の風説を流布し，または市場における自由競争を制約するため何らかの物品を利用することでその価格を変更しようとする者 　3．何らかの商品もしくは商業の目的物の製造者，生産者もしくは加工者または何らかの商品もしくは商業の目的物の外国からの輸入者であって，本人であるか代理人であるか，卸売りであるか小売りであるかを問わず，当該商品もしくは商業の目的物の製造，生産，加工，組立もしくは輸入に同様に従事する者または類似しない従事者との間で，フィリピンにおいて製造，生産，加工，もしくは組み立てが行われ，もしくはフィリピンに輸入される当該商品または商業の目的物，またはかかる製造，生産，加工もしくは輸入が行われる商品または商業の目的物が製造に用いられる物品について，適法な商業を害する取引を行い，またはフィリピンのいずれかの部分におけるその価格を引き上げるため，何らかの手段で結合し，共謀し，または合意する者。 　本条に定める犯罪が食品，自動車燃料もしくは潤滑油またはその他の基礎的需要品に影響を与えるときは，刑は，重懲役 (prison mayor) の下限および中期間とし，また，それを科すには当該結合の目的の実行に向けた最初の手順がとられたことで十分とする。 　前項までに定める契約または結合によって保有され，およびその対象である財産は，フィリピン政府によって没収される。 　本条の犯罪が法人または協会によって行われた場合には，かかる法人または協会の長および取締役もしくは管理者，または外国会社の場合にはフィリピンにおける代理人もしくは代表で，かかる犯罪の実行を知りながら許容し，または防止することを怠ったものは，その主犯として責任を負うものとする。

（出所）　改正刑法典186条（筆者訳）。

により，しかもひとつの法案が出ると別の議員から類似の法案が提出されることが多い。包括的な競争法についても，たくさんの法案が提出された。その後，競争法に相当する法案としては，第11議会に13法案，第12議会に3法案，第13議会に8法案，第14議会に6法案，第15議会に8法案が提出された。その多くが第一読会より先に進むことがなかった背景には，競争法を実現しようとする政治的意思の不足があったと指摘される（Aldaba and Sy 2014, 5）。2009年6月，アロヨ政権下では競争法案が上院で可決されるまで進んだが，下院の委員会審議が終わらないまま，議会の任期満了とともに廃案となった（Aldaba and Sy 2014, 5）。

　このような状況において，2010年に就任したベニグノ・アキノⅢ大統領は，施政方針演説のなかで，競争法案を優先法案のひとつとしてその成立に取り組むことを明確にしたほか，競争法案の成立を待たずに，2011年6月には行政命令45号（EO45）により司法省内に競争室（office for competition: OFC）を設置し，競争政策および競争法の実施のための組織として指定した（Aldaba and Sy 2014, 2）。フィリピン議会は，2015年6月11日にフィリピン競争法案を可決し，8月8日に効力が発生した。また，2016年6月3日に施行規則が公布され，6月18日に発効した。

　どのような要因が競争法の成立を促したのであろうか。上述のように，アキノⅢが競争法案を優先法案のひとつに位置づけたほか，ASEAN経済共同体の発足がある。ASEANは2016年にASEAN経済共同体（ASEAN Economic Community: AEC）の創設を謳い，AECのためのブループリント（ASEAN 2013）のなかのひとつの項目に競争法の整備を位置づけていた。競争法の制定は，ASEAN経済共同体の実施のための国内法制の整備のひとつという側面をもっていたのである（Lim and Recalde 2016, 3; Dolot et al. 2015, 607）。さらに，その背後にはOECDやUNCTADなどによる国際的な競争法整備や調和のための動きがあった。

2-2　規制の体系
(1)　概要
　フィリピン競争法の正式名称は，「反競争的協定，支配的地位の濫用，

反競争的合併および取得を禁止する国家競争政策を定め，ならびにフィリピン競争委員会およびその予算配分を確立する法律」である。競争法は9章56条から構成される（表5-4）。競争法2条「競争政策の宣言」には，競争政策の目標として，①経済効率性，自由かつ公正な競争の促進，国家レベルの競争政策の確立，②経済集中の防止，③消費者の福祉の保護，④反競争的な協定・合併，市場支配的地位の濫用などの処罰を定める。「適用範囲」については，フィリピン国内において取引，産業および商業に従事する人または事業体（entity）に対して執行可能であり，また，国内の取引，産業または商業に直接的，実質的かつ合理的に予見可能な効果を生じる国際取引にも適用可能とされる（3条）。

競争法における規制は，①反競争的協定（anti-competitive agreements），②「支配的地位の濫用」（abuse of dominant position），③企業結合規制（mergers and acquisition）の3つの柱があり，これは競争法制の国際的な動向を取り入れたものといえる。反競争的協定（14条）と支配的地位の濫用（15条）の2つは第3章「禁止行為」（prohibited acts）に含まれ，③「企業結合（合併および取得）」は別の章に定める。

法律全体を通じて重要な概念についてみてみよう。まず，従来の独禁法や刑法典では，法人を含めた「人」（person）が，経済主体として規制の対象となっていた。競争法は，競争への影響を分析する場合，その単位として「事業体」（entity）を新たに設定した。これはEU法でいう「事業者」（undertaking）に相当するものと考えられる。フィリピン競争法における「事業体」は，法人格を有するか否かを問わず，内国であるか外国であるかを問わず，直接または間接に何らかの経済活動に従事するあらゆる形態の自然人，法人，個人事業，パートナーシップ，結合体または団体をいい，政府によって所有または支配されるものを含む（4条（h））と定義される（支配の基準は後述）。

(2) **反競争的協定**

① 概要

一般に事業者間の協定または取決めの規制は，競争関係にある事業者間の取決めを規制するもの（水平的制限規制）と垂直的関係にある事業者間

表5-4 フィリピン競争法の構成

第1章 総則
 1条 略称
 2条 競争政策の宣言
 3条 適用範囲
 4条 用語の定義
第2章 フィリピン競争委員会
 5条 フィリピン競争委員会
 6条 委員会の構成
 7条 任期
 8条 禁止事項および不適格事由
 9条 委員会の委員および職員の報酬および他の手当
 10条 定足数
 11条 職員
 12条 権限および役割
 13条 競争事務所 (OFC), 権限および役割
第3章 禁止行為
 14条 反競争的協定 (Anti-Competitive Agreements)
 15条 支配的地位の濫用 (Abuse of Dominant Position)
第4章 合併および取得 (Mergers and Acquisition)
 16条 合併および取得の審査
 17条 届出義務 (Compulsory Notification)
 18条 届出の効果 (Effect of Notification)
 19条 届出基準 (Notification Threshold)
 20条 禁止される合併および取得
 21条 禁止される合併および取得からの除外
 22条 立証責任
 23条 合併および取得についての決定の終局性 (Finality of Rulings on Mergers and Acquisitions)
第5章 事件処理 (Disposition of Cases)
 24条 関連市場
 25条 事業体の支配
 26条 反競争的合意または行為の決定 (Determination of Anti-Competitive Agreement or Conduct)
 27条 市場支配的地位 (Market Dominant Position)
 28条 差し控え (Forbearance)
第6章 罰則金 (Fines and Penalties)
 29条 行政罰
 30条 刑事罰
第7章 エンフォースメント
 31条 事実調査 (Fact Finding)
 32条 分野別規制監督者との関係 (Relationship with Sector Regulators)
 33条 審査権ならびに命令および決定の執行権 (Power to Investigate and En-

force Orders and Resolutions）
　34条　情報の秘匿性（Confidentiality of Information）
　35条　リニエンシー・プログラム
　36条　不抗争答弁（Nolo Contendere）
　37条　非対審的救済（Non-Adversarial Remedies）
　38条　侮辱罪（Contempt）
　39条　委員会決定への不服申立て
　40条　執行令状
　41条　基礎的必要性および優先商品
　42条　免訴
　43条　免責（Indemnity）
　44条　地方事実審裁判所の管轄権（Jurisdiction of the Regional Trial Court）
　45条　私訴（Private Action）
第8章　その他条項（Other Provisions）（46〜49条）
第9章　最終条項（Final Provisions）
　50条　実施規則（Implementing Rules and Regulations）
　51条　予算配賦ならびに手数料，課徴金および罰金の使用（Appropriations and Use of Fees, Charges and Penalties）
　52条　透明性条項（Transparency Clause）
　53条　経過条項（Transitional Clause）
　54条　分離条項（Separability Clause）
　55条　廃止条項（Repealing Clause）
　56条　効力発生条項（Effectivity Clause）

（出所）　筆者作成。

の取決めを規制するもの（垂直的制限規制）に分かれる。また，違法とされる取決めの類型として，競争を制限しかつ経済効率にも寄与しないことから違法と評価される「当然違法型」と，内容，目的，市場占拠率，効果等を分析して競争制限効果の有無を決定する「合理の原則（rule of reasonableness）型」に分かれる（村上2011, 3-4）。ただし，各国の競争法制が一定の方向に収れんする傾向があるとしても，各国の実際の法令等の文言は異なっているのであって，このことはフィリピン競争法にもあてはまる。

　表5-5は，競争法14条が定める反競争的協定の3つの類型を整理したものである。アメリカ法の解釈が複雑であることから，より明確なEU法のモデルを採用した，という（Lim and Recalde 2016, 10）。しかしながら，EU法のパターンに従いつつも，アメリカ法も参照されているとみられて

いる。たとえば，14条 (a) の「当然禁止」(*per se* prohibited) という書きぶりは，米国法の当然違法 (*per se* illegal) の考え方を参照したものと考えられる（園田・川原 2015, 1630; Lim and Recalde 2016, 71）。これに対して14条 (b) (c) は非合理的に取引を拘束する効果を有するもののみが違法とされる「合理の原則」(rule of reason) が適用される。両者は，競争阻害効果の有無など立証されるべき構成要件，被告人の防御，事件処理の時間・費用などが異なる。この合理の原則は，事件ごとの分析と制限的慣行が禁止されるべきか否か判断するために，すべての事情の考量を要し，高度に主観的であり，当局の裁量に委ねられているため，フィリピン競争委員会の専門性の確保が重要である（Dolot et al. 2015, 613）。

　フィリピン競争法でいう「協定」(agreement) は，定義規定によれば，「あらゆる種類または形態の契約，取決め，理解，集団的勧告（collective recommendation），または協調行為（concerted action）をいい，公式であるか非公式であるか，明示的であるか黙示的であるか，書面によるか口頭に

表5-5　フィリピン競争法上の反競争的協定の類型

(a) つぎに掲げる競争者間の協定は当然に（*per se*）禁止される。 　(1) 価格もしくはその構成要素またはその他の取引条件について競争を制限するもの 　(2) 入札談合*など競売またはその他の形態の入札において価格を固定するもの
(b) 競争者間の次に掲げる協定で，実質的に競争を阻害，制限または減殺する目的または効果を有するものは禁止される。 　(1) 生産，市場，技術開発または投資を設定し，制限しまたは統制するもの 　(2) 販売もしくは購入の量，領域，商品または役務の種類，買い手もしくは売り手，または他の手段によるかを問わず，市場を分割または共有するもの
(c) 上記 (a) および (b) 以外の協定で，競争を実質的に阻害，制限または減殺する目的または効果を有するものもまた禁止される。ただし，商品もしくは役務の生産もしくは販売の改善に，または技術的もしくは経済的進歩に資するもので，消費者にその結果である便益が公正に分け与えられるものは，必ずしも本法の違反とはみなされない。

（出所）　競争法より抜粋（筆者訳）。
（注）　*原文は，"Fixing Price at an Auction or in Any Form of Bidding including Cover Bidding, Bid Suppression, Bid Rotation and Market Allocation and Other Analogous Practices of Bid Manipulation".

よるかを問わない」（4条（b））とされる。諸外国における競争法制と同様に，法的拘束力のある契約だけに限らず，協定は広く協調行為を含むものとしてとらえられている。

14条の規定を読むうえでまず留意すべき点は，14条（a）（b）では，「競争者」（competitor）間の協定が対象とされることである。つまり，これらの規定は競争者間の水平的共同行為のみを対象とすると解される（園田・川原 2015, 1630; Lim and Recalde 2016, 71）。

14条（b）は，「実質的に競争を阻害，制限または減殺」（以下，競争制限）する「目的または効果」を有する競争者間の協定を禁止する。競争制限的な効果がなくとも，その目的を有するものは禁止される。具体的には①生産，市場，技術開発または投資を設定，制限または支配する協定，②販売もしくは購入の量，地域，商品または役務の種類，買い手もしくは売り手またはその他の手段によるかを問わず，市場を分割または共有する協定は禁止される。

他方，（a）（b）以外の協定を対象とする14条（c）は，再販価格維持など垂直的共同行為を含むものとして理解されている（園田・川原 2015, 1630; Lim and Recalde 2016）[7]。

14条（c）の但し書きは，「商品もしくは役務の生産もしくは販売の改善または技術的もしくは経済的進歩に資する」とし，「それから生ずる便益に対する公正な分け前を消費者に認めるものは，必ずしも本法の違反とみなされ得ない」と定める。文字どおりに読めば，この例外規定は14条（b）の協定には適用されないことになる。

Lim and Recalde（2016）によれば，制定過程において親会社と子会社との関係が競争者になるかどうか，つまり，いわゆる単一の経済主体の原則（single economic unit）が適用されるかが論点となった。この点については，14条2項が，「別の事業体を支配し，もしくは支配され，ともに共

---

[7] 14条（c）の規定について，議会の議論や委員会の解釈は垂直的共同行為を含むものと解するが，競争者間の協定に適用されるという説もある（Lim and Recalde 2016, 8, 69-70）。

通の支配のもとにある事業体，または共通の経済的利益を有する複数の事業体で，互いに独立して決定または行為することができないものは，本条の目的のためには競争者とみなされない」と定め，競争者に該当しないことが明確にされた（Lim and Recalde 2016, 22-23）。

14条（a）は「当然に禁止される協定」として，①価格等の取引条件について競争を制限するもの，②談合など競売その他の入札において価格を固定するものの2つを列挙する。入札談合をとくに明示するところは，EU法とは異なるところでもある。

事業者団体（trade association）の活動も競争法の対象となり得る。48条は事業者団体についての例外規定を設けるが，但し書きが階層的になっているのでやや複雑な条文になっている。同条は，「品質基準および安全問題の奨励のため組織される事業者団体の存在および活動を禁止するものと解されない」と定める。ただし，かかる団体が競争法違反を正当化するために用いられてはならない，と明記される。また，同条にはもうひとつ但し書きが設けられており，品質基準，効率性，安全，生産性，競争性および当該産業にかかわる共通利益の問題について議論する場として用いることは違法とされないと定める。さらに，もうひとつ但し書きが設けられており，それが反競争的な意図または効果をもたないことが定められる（48条）。

② 事実調査および審査

反競争的協定または行為が行われたか否かを決定するにあたって，委員会が行うべきものとしてつぎの5点が定められている（26条）。具体的には，(a) それによって影響を受けたと主張される関連市場の画定，(b) 当該協定または行為によって生じた関連市場における競争への現実のまたは潜在的な悪影響の有無。当該影響が実質的であり，かつ当該協定または行為から生ずる現実のまたは潜在的な効率性改善を上回るか否かの決定，(c) 将来の市場の発展，当該商品または役務を消費者にとって利用可能なものとするための最優先の必要，インフラストラクチュアへの大規模投資の要求，法律の要求，および私たちの経済が国際的競争に対応する必要性を理解し，ならびに関係当事者の過去の行動および優勢な市場条件も考慮しながら，広範かつ前向きな見方を採択すること，(d) 競争が阻害されま

たは実質的に制限されないことを確保する必要性と，過度または不当な介入によって競争効率性，生産性，イノベーションまたは国の一般利益上の優先分野もしくは産業の開発が阻害され得る危険性を比較考量すること，(e) 当該事業体の行動が，ある製品からの撤退もしくは事業の閉鎖などを含む合理的な商業上の目的をもってなされ，または競争者の市場参入もしくは行為への合理的商業的反応としてなされたかどうかを含めて，当該事業体が反競争的な協定または行為を行ったのではない，ということがよりあり得るか否かについて，証拠の全体性を評価することである。

③　適用免除

反競争的協定等に該当し得る行為について一括的または個別の適用除外の範囲や手続を定めるため，今後，規則やガイドラインの整備が予想される。

競争法28条は「差し控え」(forbearance) について規定する。委員会は，つぎに掲げることを認定する場合には，本法の規定の適用を事業体またはその集団に適用することを，限られた期間，その全部または一部について，すべての事件または特定の事件について，差し控えることができる。その条件は，(a) 競争法の政策目標の達成のために執行が必要でないこと，(b) 差し控えが，適用除外を求める当該事業体またはその集団が活動する市場においても関連市場においても競争を害しないこと，ならびに (c) 差し控えが，公益ならびに消費者の便益および福祉に合致すること，である（28条1項）。

この決定を行うにあたっては，委員会を支援するため，公聴会が開かれなければならない。本条による関連する事業体または事業体の集団を除外する委員会の命令は公表されなければならない。消費者の長期的利益を確保するため委員会が適切と認めるときは，差し控えに条件を付すことができる（28条）。適用除外命令を発するための基礎が有効でなくなったときは，当該命令は委員会によって取り消し得る。なお，企業結合規制については21条に適用除外の定めがある。

④　リニエンシー

競争法は，禁止協定の立件を促すため，委員会に，リニエンシー (leniency)・

プログラム（制裁措置減免制度。日本の独占禁止法では課徴金減免制度）の開発を求める。同法によれば，委員会が，事件の事実調査または審査より前，またはその段階において，14条 (a) および14条 (b) に定める反競争的協定に関する情報で具体的基準を満たすものを事業体が自発的に開示することと引き換えに，事業体が，当該協定に参加したことについて，裁判免除（immunity from suit）または課徴金の減額を認めるものである（35条）。リニエンシー制度の関連規定は表5-6のとおりである。司法省競争室（OFC）も，捜査を行う場合にリニエンシーまたは免除を与えることができる（35条）。

(3) 支配的地位の濫用

競争法による規制の第2の柱は支配的地位の濫用（abuse of dominance position）の禁止である。競争法は，「1または複数の事業体が，競争を実質的に阻害，制限し，または減殺する行為に関与することによって，その支配的地位を濫用すること」を禁止する（15条）とし，具体的に (a)～(i) の行為を列挙する（表5-7）[8]。「支配的地位」は，「1または複数の事業体が保持する経済的強さで，競争者，顧客，供給者または消費者のいずれか，またはその組合せで独立に関連市場を支配することを可能にするもの」と定義される（4条 (g)）。

競争法は，ほかの多くの国の競争法と同様に，支配的地位の存在そのものを禁止するわけではない。このことは明文で示されており，「関連市場において支配的地位をもつこと，ならびに競争を実質的に阻害し，制限しまたは減殺しない適法な手段を通じて，市場占拠率を取得，維持および増

---

8) Lim and Recaldeは，15条の規定が限定列挙か例示列挙であるかは，潜在的な論点になり得ると指摘する。15条に対応する実施規則第4規則2条には，法律の方にはない「含む」（including）という文言が付加されたため，委員会は例示列挙の立場をとる。他方，議会の立場は明確ではないとする。下院草案にあった「含む」が議会で削除されたことから，議会は限定列挙の立場をとると解することもできるが，起草過程において，両院合同委員会が下院草案にあった「合理的な商業上の正当化事由」という文言を広範すぎるとして採用しなかった代わりに，27条の市場支配的地位の判断基準については，それに限定されない旨を定めたことから，議会も柔軟な対応を認めていたとも解されるからである（Lim and Recalde 2016, 9）。

表5-6　フィリピン競争法上のリニエンシー制度の概要

訴訟の免除（35条）
　　次の条件が認められる場合には，事実調査または審査が開始される前に違法な反競争的行為を通報する事業体に対して免除が与えられる。
　(a) 当該事業体が名乗り出たとき（comes forward），委員会が他の情報源から当該行為についての情報を得ていないこと。
　(b) 当該事業体が違法行為の発見後，自らの参加を終了するため迅速かつ実効的な行動をとったこと。
　(c) 当該事業体が誠実かつ完全性をもって違法行為を報告し，ならびに捜査を通じて十分，継続的，かつ完全な協力を提供すること。
　(d) 当該事業体が他の当事者に当該行為への参加を強制しなかったこと，ならびに当該行為の首謀者または発起者でないことが明らかであること。

委員会による事実調査・審査の開始後（35条）
　　事実調査または審査が開始された後に委員会が違法行為についての情報を受け取った場合であっても，通報した事業体は上記(b)(c)の条件に加えて，以下の追加的要求を遵守することを条件に，リニエンシーが認められる。
　(1) 当該事業体が最初に名乗り出ること，およびリニエンシーの資格があること。
　(2) 当該事業体が名乗り出たとき，委員会が当該事業体の公判を維持可能な有罪を認定し得る証拠を得ていないこと。
　(3) 委員会が，リニエンシー付与が他の者に不公正にならないと決定すること。

リニエンシーの付与の内容（35条4項）
　　リニエンシー・プログラムは次のものを含む。
　・影響を受けた当事者または第三者の訴訟または告発からの免除
　・証拠を提出した事業体に有利な傾斜配分を含む課徴金または罰金の除外，免除，または傾斜配分。
　・捜査に協力し，委員会に情報，文書またはデータを提出した事業体は，いかなる形態の報復または差別を受けないこと。
　・かかる報復または差別は競争法違反とみなされ，本条に定める制裁に服するものとする。

虚偽の情報の提供等の処罰（35条）
　・本条の規定は，本条の違反として調査のもとにある事業体の事業または誠実さを毀損する虚偽の，誤解を招く，または害意のある情報，データまたは文書を委員会に通報した事業体の訴追を害しない。
　・虚偽の，誤解を招く，または害意のある情報，データまたは文書を通報したと認められる事業体は，告発された事業体が違反すると通報された条文において科される罰金以上の罰金によって処罰され得る。

（出所）　競争法より抜粋（筆者訳）。

表5-7 フィリピン競争法上の支配的地位濫用禁止

(a) 関連市場における競争を排除する目的で経費より低い（対価で）商品または役務を販売すること。ただし，委員会によるこの事実の評価においては，当該事業体にかかる意図がなく，確立された価格は関連市場における同一または同様の品質の類似の（comparable）製品または役務を販売する同一の市場における競争者のより低い価格に対応または競争するために善意によるものであるかどうかを考慮しなければならない。

(b) より優れた製品または製法，事業上の才覚，法的権利または法令の結果としてまたはそれに由来して市場における発展したものを除いて，参入障壁を課し，または反競争的方法により市場内で競争者が成長することを妨害する行為を行うこと。

(c) 性質上または商業的用途に従って，当該取引と関連性のない別の義務を相手方が受諾することを取引の条件とすること。

(d) 同一の商品または役務の顧客または販売者に，当該顧客または販売者が同等の条件で同時に取引を行っている場合，その効果が競争を実質的に減殺する効果があり得る場合において，不当に差別する価格またはその他の条件を定めること。ただし，次に掲げるものは許容可能な価格差別化とみなす。
  (1) より恵まれない経済部門のための社会的価格設定
  (2) 当該商品または役務が購入者および販売者に対して販売されまたは配送される手段，技術条件または数量のちがいに起因する製造，販売または配送の費用におけるちがいを合理的または近似的に反映する差別価格
  (3) 競争者によって提示される競争的支払い価格，役務または施設の変更に対応して提供される差別価格または条件
  (4) 市場環境，商品もしくは役務の市場性，または数量の変化に対応した価格変更。

(e) 価格維持，かかる価格に基づく特恵的値引きもしくはリベートの付与または競争事業者と取引しない条件の賦課など，かかる制限の目的または効果が実質的に競争を妨害し，制限しまたは減殺するものであって，商品または役務がどこで，誰に，どのような形で販売されまたは取引され得るかに関する制限を商品または役務の販売または取引のためリースまたは契約に課すこと。ただし，本法に含まれるいかなる内容も次に掲げるものを禁止または違法なものとはしない。
  (1) 許容可能な事業許可，実施許諾，独占販売協定，排他的各当事者に一方的に協定を終了する権利を付与するものなど
  (2) 知的財産権，機密情報または営業秘密保護のための協定

(f) 特定の商品または役務の供給を，供給される主たる商品または役務と直接の関連性がない当該供給者の他の商品または役務の購入に依存させること。

(g) 直接または間接に商品または役務，とりわけ，周縁化された農業生産者，漁民，中小企業およびその他の周辺的な役務提供者および生産者に不公正に低い購

> 入価格を課すこと。
> (h) 直接または間接に不公正な購入または販売価格を競争者，顧客，供給者または消費者に課すこと。ただし，より優れた製品もしくは製法，事業上の洞察力，法的権利もしくは法令の結果としてまたはそれによって市場においては発展した価格は不公正な価格とみなされない。
>
> (i) 消費者の利益を害して，生産，市場または技術開発を制限すること。ただし，より優れた製品または製法，経営上の才覚，法的権利または法令によって市場において発展した制限は本法の違反とならない。

(出所) 競争法より抜粋（筆者訳）。

加させることを禁止するものと解釈されない」（15条）と定める。また，関連市場内の商品または役務の生産または販売の改善，ならびに消費者が結果として生じる便益を公正に享受しながら，技術的および経済的進歩を促進することに貢献する行為は，当然に市場支配的地位の濫用とみなされない。また，この規定が「委員会または関連する規制者が，本法の規定に従い，公正な貿易またはよりいっそうの競争を促進する措置を遂行することを制約しない」とする（15条）。

さらに，競争法27条は，ある事業体が支配的地位を有するか否かを決定するにあたって，委員会が検討すべき事由として次のものを掲げる（27条）。
(a) 関連市場における当該事業体の市場占拠率，および関連市場において当該事業体が一方的に価格を設定し，または供給を制限することができるか否か。
(b) 参入障壁の存在，ならびにかかる障壁と競争者からの供給をともに予見可能的に変更し得る諸要素。
(c) 競争者の存在およびその力
(d) 競争者またはその他の事業体が投入元にアクセスする可能性
(e) 他の商品または役務に切り替えるその顧客の力
(f) その最近の行動
(g) 本法の規則によって確立されるその他の基準

関連市場における当該事業体の市場占拠率が50％以上であるときは，その特定分野のため委員会が新たな市場占拠率基準を決定する場合を除いて，市場支配的地位を有するとする「反証を許す推定」があるとされる

(27条)。

　委員会は，支配的地位の推定を発生させ得る関連市場における支配的地位，または市場占拠率最低水準の基準を，時宜に応じて決定および公表を行う（27条3項）。かかる決定にあたっては，委員会は，関連市場の構造，統合の程度，最終需要者へのアクセス，技術および金融資源，ならびに27条（a）および（b）に定める，市場統制に影響するその他の要因を考慮する。

　このほか，競争法は，「委員会は，より優れたスキルの保持，より優れた役務の提供，品質の高い生産または販売，事業才覚，および保護された知的財産権の享受および使用など，市場における競争を実質的に阻害し，制限しまたは減殺しない，適法な手段を通じた市場占拠率の取得，維持および増加が本法の違反となり得るものとみなしてはならない」と定める（27条4項）。

(4) 企業結合規制

① 概要

　競争法の第3の規制分野は企業結合（merger and acquisition［合併および取得］）である。競争法は，「関連市場または委員会が決定する商品または役務の市場において，競争を実質的に阻害し，制限しまたは減殺する合併または取得協定」を禁止する（20条）。競争法は，それが関連するとみなす要因に基づき，委員会に企業の合併および取得を審査する権限を与える（16条）。競争法は，一定の合併または取得に事前の届出義務を課すほか（17条），適用除外（21条）と禁止が認定された場合の同意判決等の措置を設けている。

　競争法には合併についての定義はないが，「取得」（acquisition）の定義規定がおかれる。「取得」とは，「次のいずれかの支配を得るため，契約または他の方法を通じて，証券または資産を購入することをいう」として，「(1) 1の事業体による他の事業体の全部または一部の支配，(2) 1またはそれ以上の事業体による他の事業主の支配，(3) 1またはそれ以上の事業体による1またはそれ以上の事業体の支配」を掲げる。「支配」とは，契約，代理またはその他によるかを問わず，ある事業体の行動または決定に実質的に影響を与え，または指令する能力をいう（4条（f））と定義される。

実施規則の定義規定もほぼ同様である[9]。

つぎに支配についてみてみよう。委員会が支配の有無を審査するにあたって、考慮することのできる事項は25条に列挙される。第1に、親企業が直接または、子会社を通じて間接にある事業体の議決権力の2分の1を超えて所有するときは、例外的な状況においてかかる所有が支配を構成しないことを明確に示すことができないかぎり支配が存在すると推定される。第2に、別の事業体の議決権力の2分の1以下を所有する場合であっても、つぎに掲げるときは支配が存在する。(a) 投資家との協定によって、議決権の2分の1を上回る権力が存在するとき、(b) 法令または協定により、当該事業体の財務および経営方針を、指令または統治する権力があるとき、(c) 取締役会またはそれに準じる経営機関の構成員の半数以上を、任命または解任する権力があるとき、(d) 取締役会またはそれに準じる経営機関の会議において、多数票を投じる権力があるとき、(e) 当該事業体の資産の全部または重要な部分に対する、所有権または使用権が存在するとき、(f) 当該事業体の決定に決定的な影響力を与える権利または契約が存在するとき、である。

② 届出義務と審査手続

企業結合規制の手段として、競争法は取引額が10億ペソ[10]を超える場合、合併および取得協定の当事者に事前の届出義務を課す（17条）。この届出は、定められた書式によって、指定された情報を含めるものとする。提出後30日が経過するまでは、その協定に効力を発生させることは禁止される（17条）。委員会が必要と認めるときは、20条による禁止に合理的に必要かつ直接に関連するとみなす追加情報を、かかる30日の期間が満了する前に要請することができる。この要請は期間を60日間延長する効果を有する。ただし、いかなる場合も委員会による対象協定の審査期間の合計は、当事者による最初の届出から90日を超えない（17条3項）。この届出

---

9) 実施規則の定義では、「購入」が「購入または移転」に変更されている（第2規則「用語の定義」）。
10) 1ペソ＝約2.1円（2018年10月現在）。

を行わずに締結された協定は無効とされ，かつ当事者は取引額の1％から5％の課徴金を科される（17条2項）。

委員会は，合併または取得の当事者が，委員会に届出を行わなければならないか否かを決定するにあたっては，関連市場における最低基準を超えた市場シェアの上昇のほか，特定のセクターまたはすべてのセクターに横断的に適用されるほかの基準を布告する（17条1項但書）。

上述の期間が満了するまでに，理由の如何を問わずいかなる決定も告示されなかったときは，当該合併または取得は承認されたものとみなされ，当事者は当該協定の実施または効力発生を進めることができる（17条4項）。委員会に対して提供され，または委員会が発する通知，文書および情報には守秘規則（34条）が適用される。ただし，そこに含まれる情報の流布が，届出を行った事業者の同意によるか，または法律により管轄権を有する裁判所，政府，もしくは取引所を含む政府の規制機関の有効な命令によって開示が義務的に要求される場合を除く（17条4項）[11]。

③ 適用除外

21条は，反競争的な企業結合の禁止（20条）の適用除外について定める。当事者が次のいずれかを立証したときは，適用が除外される。第1に，結合が当該合併または取得協定から生じる競争の何らかの制限という効果よりも大きな効率性向上をもたらすこと（21条（a）），第2に，当該合併または取得協定の当事者が，実際のまたは差し迫った経営破綻に直面し，かつ当該協定が破綻しつつある事業体の資産の知られている代替的利用のなかで，最も反競争的ではない取決めを示すこと（21条（b）），である。

立証責任は，適用除外を求める当事者にある（22条）。とくに，21条（a）に定める除外に依拠することを求める当事者は，その協定が実施されなかったならば，著しい効率性改善が実現されないことを示さなければならない（22条）。

---

11) 委員会は，合併または取得に関する規則を採択・公表する（19条）。具体的には，(a) 取引額基準および競争法17条の届出要求を条件とするほかの基準，(b) 届出された合併または取得について，提供されなければならない情報，(c) 届出要求の例外または適用除外，(d) 届出手続に関係するその他の規則の4項目である。

また，21条は次の例外を定める。第1に，事業者は，競争法の承認前に取得した他の法人の株式または資産の所有および保持を続けること，ならびに競争法の規定に違反しない手段で，関連市場における市場占拠率を取得または維持することを禁止されない。第2に，専ら投資目的で行われる法人の株式またはその他持分の取得で，議決または支配権の行使のために用いられず，また関連市場における競争を阻害し，制限しまたは減殺しないものは禁止されない（21条）。

　委員会は，合併または取得協定が20条によって禁止されると判断し，21条による適用除外を受ける資格がないと関連期間内に決定したときは，次のいずれかを行うことができる（18条）。(a) 当該協定の実施の禁止，(b) 委員会によって明記された変更に従って修正されるまでの当該協定の実施の禁止，(c) 1または複数の関係当事者が，委員会によって明記された法的に執行可能な協定を締結するまでの当該協定の実施の禁止，である。

　競争法上の手続と法人法典上の手続との関係について，17条5項は「銀行，金融機関，建物融資組合，信託会社，保険会社，公益事業，教育機関およびその他特別法によって規律される特別会社の合併および取得の場合には，委員会による同意または異議なしの決定は，フィリピン法人法典79条に定める適切な政府機関による同意勧告の要求を免除するものとして解釈されない」と定める（17条5項）。また，当該分野の規制当局など競争を維持する任務を伴う政府機関による同意勧告は，提案された合併または取得が本法に違反していないことの「争いうる推定」を生じさせる（17条6項）。合併および取得についての決定は「終局的」であり，委員会から同意命令を受けた合併および取得協定は，詐欺的または虚偽の重要情報に基づき得られた場合を除き，競争法に基づき争うことができない（23条）。

2-3　フィリピン競争委員会
(1)　組織と権限

　競争法の実施および執行のため，フィリピン競争委員会が設置される。委員会は，委員長1人と4人の委員により構成される（6条）。委員長および委員は大統領によって任命され，それぞれ内閣担当長官（cabinet secretary)[12]および次官（undersecretary）に準じる職位とされる[13]。委員会は大統領府に属する（5条2項）。委員の任期は7年で，再任は禁止される（7条)[14]。

　資格要件としては，①「善良なる道徳的性格ならびに認められた高潔性および独立性を備えたフィリピンの市民および居住者」であること，②経済学，法律，金融，商業，工学，または公的，市民的もしくは学問的役務における専門家として卓越していること，③少なくとも10年間，その職業において積極的に実務に携わってきたこと，が定められる（6条）。また，法実務において少なくとも10年間の経験のあるフィリピン弁護士会の会員および経済学者を，それぞれ少なくとも1人含まなければならない（6条）。

　禁止事項および不適格事由としては，①在任中，他の職または雇用を保持してはならないこと，②在任中，教育資格の場合を除き，直接的または間接的に職業に従事し，事業に参加してはならないこと，③政府もしくはその部門または政府所有および政府支配法人もしくはその子法人を含む政府関係機関との契約，またはそれによって付与された事業許可（special privileges）と金銭的な利害関係をもってはならないこと，④直近の選挙（定例のものか臨時のものであるかを問わない）において公職の候補者とならなかったこと（6条）を定める。また，委員は，その職務行為において利益相反を厳しく回避しなければならない（8条)[15]。

　委員会は，競争法および実施規則の執行および実施に関して，「第一審的かつ第一次的管轄権」を有する。具体的な権限・職務として19項目を列挙するほか，他の条文にも委員会の権限が規定される（Lim and Recalde 2016）。委員会の定足数は3名であり，委員会における規則，判定，命令，決議，決定または他の行為の決議には3人全員の賛成を要する（10条）。

---

12) 内閣担当長官は閣僚ポストのひとつであり，その事務所は大統領府に属し，官房長官（executive secretary）とは異なる。なお，本書では役職の表記は『アジア動向年報』に従った。
13) 競争法5条は，法律の発効から60日以内に任命すると定める。
14) 経過措置として，最初の委員4人のうち2人は任期5年とされる（7条）。

事務局も新たに新設された。事務局の長として事務総長（executive director）が委員会により任命される。その資格要件としては，法律，経済，商業，経営，金融または工学のいずれかの分野において少なくとも10年の経験がなければならない。また，委員会の技術スタッフの構成員（純粋に事務員機能を果たす者を除く）にも，経済，法律，金融，商業，工学，会計または経営のいずれかの少なくとも学士号を有することが求められる（11条）。なお，2016年に実施規則（Implementation and Regulation Rule: IRR）が公布された。

委員長および委員には身分保障が認められており，法律に定める正当な理由がないかぎり，職務停止や解任をされない（7条2項）。また，競争法は委員等の不訴追・免除についての詳細な規定をおく（42条）。

(2) 司法省競争室

競争法の実施にかかわる組織として，司法省競争室（OFC）がある。これは，競争法制定への取り組みを表明したアキノⅢ政権が，2011年に司法省を競争当局に指定し，その職務を実施する組織として司法省次官室に設置したものである（EO45）。

競争法制定にともない，OFCは競争法上の捜査と刑事訴追を職務とする組織（競争法13条）として再編され，競争法上の権限が認められた（5条）。証拠によって正当化できる場合，委員会は，捜査および適切な裁判所への訴追のため，本法または関連法令の違反につき，司法省に刑事告発書を提出することができる。司法省は，改定刑事訴訟規則に従い，捜査を行う（31条4項）。OFCは，予備捜査を行う事案においてリニエンシーまたは免除を与えることができる（35条6項）。

---

15) 退任後の制限についての規定もあり，①委員は，その退任後，直近の選挙への立候補資格を有しない（ただし，バランガイ選挙または青年評議会選挙は除外）（7条），②その退任から2年のあいだ委員会で係属中の事案において，弁護人または代理人（counsel or agent）として出席し，または行動することは認められない（8条），③委員在任中または退任後2年間，委員，委員長および委員会事務総長の配偶者または四親等内の血族または姻族は，委員会に係属中の事案について，弁護人または代理人として出席することができず，また直接的または間接的に事業取引を行うことができない（8条2項），と定める。

151

2-4 競争法の実施および執行
(1) **基本的な特徴**
委員会における実施・執行のための手続の,基本的な特徴は次のとおりである。
① 非対審的手続

競争法37条は,実施および執行上の政策として,「委員会は,その定める規則に従って,行政,民事または刑事手続の開始前に,非対審的 (non-adversarial) 行政的救済を関係当事者に利用可能とすることによって,競争法令の自発的遵守を奨励する」と定める。そして具体的な措置として,拘束力ある決定 (binding rulings),理由開示命令 (show cause order)[16],同意命令 (consent order),遵守監視 (monitoring of compliance),刑事手続における証拠の不受理 (inadmissibility of evidence in criminal proceedings) を列挙する。Lim and Recalde (2016) は,競争委員会の機能を理解するうえで,委員会の手続の非対審性が重要であると強調する。つまり裁判のように,裁判官の前で当事者に争わせるのではなく,委員会と対象となる事業者とのやりとりによって,手続が進められる。

さらに,一連の手続の進行は,委員会に付与された強力な権限によって裏づけられる。それは課徴金を含む行政的処罰,「執行令状」[17]の発付,「侮辱罪」[18]による処罰等を含む(40条)。

委員会は,関係する事業体,その役員および被用者による,最終的および執行的な拘束力ある決定,排除命令または同意判決の承認の遵守状況を

---

[16] 委員会は,職権によるか,または利害関係者の宣誓による書面の申立てにより,ある事業体がその事業の全部または一部を本法またはその他の競争法令の規定に適合しない方法で行っていると認定した場合において,理由開示命令を発することができる。また,公共の利益になると認めるときは,1人または複数の者に,特定された事業行為の継続を停止し,明記された過料を支払い,またはその事業行為もしくは慣行の再調整を要求する命令が発せられるべきではない理由を,定められた期間内に示す命令を発することができる。さらに,当該事業体に対して,嫌疑を受ける事業行為の書面による明細ならびに事実,データおよび情報の記載書をその証拠の要約とともに発付および送達しなければならない(37条(b))。
[17] 委員会は拘束的決定,命令,決議,決定,審決または規則の終局性に基づき,その決定および過料の支払いを執行するため執行令状を発することができる(39条)。

監視する。また，委員会は，利害関係者からの申立てに基づき，関係する事業体が最終的かつ執行的な決定，命令または承認を遵守したこと，または遵守しなかったことの証明書または決定を発する。

34条は，競争法に従い行われる審査または捜査に関連して，事業体から提出された機密事業情報や，匿名を条件に委員会に情報を提供する者のアイデンティティなどの機密保持を認める。

② 第一審的かつ第一義的管轄権

委員会は，すべての競争関連問題の執行および規制に，第一審的かつ第一次的管轄権（original and primary jurisdiction）をもつ（32条）。Lim and Recalde（2016）によれば，「第一審的かつ第一次的管轄権」をもつことの意義は，委員会の事実調査と審査が終わって初めて，司法省による捜査が開始されることである。司法手続は違反に対する刑事訴訟が主であり，刑事訴追やそのための捜査は司法省の権限とされる。また，違反行為によって被害を受けた私人による私訴の制度も設けられるが，影響を被った私人が訴訟を提起できるのも委員会手続が前提となる。

(2) **事実調査と審査**

委員会は，競争法の執行のため，事実調査または審査を開始および実施する，単独かつ排他的権限（sole and exclusive authority）を有する（31条）。委員会の事実調査・審査の開始は，合理的理由（reasonable grounds）に基づき，職権によるか（*motu proprio*），関係者からの申立て[19]の提出または規制機関からの付託を受けて行う（31条）。

委員会は，事実調査または審査を進めるなかで得られた，陳述，文書ま

---

[18] 競争法上，委員会に対する侮辱罪の適用が認められる。委員会における聴聞，審理（session）または何らかの手続を著しく妨害する不正行為がその対象となり，委員会によって法的に発せられた召喚令状，罰則付召喚令状もしくは文書提出命令状の遵守を故意に行わない，もしくは拒否することや，聴聞，手続，審理もしくは捜査に出頭して，証人として宣誓し，質問に回答すること，適法に要求される情報の提出を拒否することなどが含まれる。侮辱罪で有罪の場合，事業体は30日を超えない懲役，もしくは10万ペソを超えない罰金またはその併科によって略式で処罰され得る（38条）。

[19] 原語はverified complain。日本の独禁法では「申告」の語が用いられる。

たは物品を検討した後，本法の違反または侵害が発見されないときは，その終結を命ずる決定を発するか，または，合理的理由に基づき本格な行政的捜査の実施をすることを決議する（31条2項）。審査は開始の日から90日以内に完了されなければならない（31条5項）。

　委員会は，十分な通知および聴聞の後，提出された事実および証拠に基づき，容疑を受ける事業体の一定の行為で，その継続的な実行が関連市場における消費者または競争に悪影響を生じさせ得るものの実行を禁止する仮排除命令を発することができる（31条3項）。

(3) 拘束的決定と同意命令

　拘束的決定は，先に申立てまたは審査が開始されていない場合において，予期される行為，行動方針，協定または決定が，競争法，その他の競争法令またはその実施規則のいずれかの規定を遵守し，適用除外されるか，または違反するか否か疑義のある事業体は，それについての拘束力ある決定を下すことを書面で委員会に要請することができる。ただし，かかる決定は委員会の決定により延長され得る明示的な期間のものであって，実質的な証拠に基づく（37条 (a)）。

　行為，行動方針，協定または決定についての否定的な拘束力のある決定の場合には，請求人は委員会の決定に従うための合理的な期間（いかなる場合も90日を超えない）を与えられる。また，請求人は，本条の規定を遵守しない場合を除いて，行政，民事または刑事訴訟に服さない。

　他方，同意命令の場合は，調査を受ける事業体は，委員会の調査の終結前には競争法またはその他の競争法令の違反を認める必要なしに，条件を明記して，同意命令の登録（the entry）の書面による提案を委員会に対して提出することができる。この同意命令提案の条件としては次のものが列挙される。(1)本法によって定められた過料の範囲内の金額の支払い，(2)要求される遵守報告書および定期的な遵守報告書の提出，(3)侵害を被ったかもしれない1または複数の私的当事者に対する損害賠償の支払い，ならびに(4)競争法またはその他の競争法規の実効的執行のために，適切かつ必要と委員会がみなすその他の条件である。ただし，同意命令は同一または類似の行為が継続され，または繰り返されたときにその調査を妨げな

い。

　Lim and Recalde (2016) は，規制を受ける事業者の視点からみれば，裁判により単に処罰を受けるだけではなく，競争制限的協定や支配的地位の濫用等の違反行為に該当しないことを決定する「拘束的決定」によって，違反していないことへのお墨つきを得られること，あるいは違法行為の是正を条件とする「同意命令」を受けることにより，事業の予測可能性を高めることができることも，非対審的な行政手続の利点として説明する。

(4) **ほかの規制機関との関係**

　ほかの規制機関との関係については，いくつかの規定が設けられている。

　第1に，委員会は，ある事案が競争問題および非競争問題をともに含む場合においても管轄権をもつが，委員会が何らかの事件に決定を行う前に，関係分野の規制者は諮問を受け，当該事案について自らの意見および勧告を提出する合理的な機会を与えられなければならない。適切な場合には，委員会および分野別規制監督者は，各分野における競争を促し，消費者を保護し，支配的プレイヤーによる市場力の濫用を防止するため，共同して規則を制定する（32条3項）。

　他方，委員会が委任する場合などを除いて，委員会による事実調査・審査などの法執行期間においては，他の規制機関は，競争関連事案の事実調査，審査または捜査を行うことができない（31条6項）。

2-5　司法手続

(1) **委員会決定に対する異議申立て**

　委員会の決定に対する上訴は，裁判所規則に従い控訴裁判所に対して行うことができる（39条）。上訴は，控訴裁判所が正当とみなす条件に基づき別段の命令をしないかぎり，審査が求められている命令，裁定，または決定を停止しない。

(2) **刑事訴訟**

　競争法が刑事訴訟に関して採用した不抗争答弁（*a plea of Nolo Contendere*）

は，フィリピン法にとって新しい概念である（Dolot 2015, 620）。14条（a）および14条（b）の定めに基づく刑事手続において訴追された事業体は，起訴事実の責任を認めることも否定することもせず，自ら有罪を認めたときと同様に，処罰を受けることに同意する不抗争答弁をすることができる[20]。この答弁は，上述の刑事手続のみに用い，犯罪行為に起因する民事訴訟またはその他の訴因において責任を立証するために，被告人たる事業体に対して用いることはできない。不抗争答弁は罪状認否まで，それ以降は裁判所の許可があった場合にのみなすことができ，裁判所は，当事者，公衆および司法行政への効果を比較考量した後，初めてそれを受け入れるものとする（36条）。

なお，競争法は，拘束的決定，理由開示命令または同意命令等に関連して事業体によって提出された事実・データ等が同一行為に起因する刑事手続において証拠として採用できない旨の規定（37条（e））を設けることで，企業側の協力を促している。

(3) **罰則**

競争法は，行政罰（administrative penalty）と刑事罰（criminal penalty）を定める。違反行為が，価格法（RA7581）に定める「基礎的必要物資および一次産品」の取引または移動を含むときは，委員会または裁判所によって科される過料は3倍とする（41条）。

競争法29条および30条による罰則規定とは別に，企業結合規制における届出義務に違反した場合の罰則が17条にも残る。Lim and Recalde（2016, 166）は，上院と下院のそれぞれの法案がひとつにまとめられた際に生じた，意図せぬ誤りだと指摘する。17条2項にある取引額の比率を基準とする考え方は，下院法案にあったものだが，民間会社が売上額を偽る可能性や企業によって罰金が異なることから否定的な意見が強かった。たとえば，経営が悪化している企業の方が負担が小さくなるからである。罰則規定では，罰金の額を一定の範囲で定める方式を採択した。競争法17条2項

---

[20] 被告企業にとっては，不抗争答弁の方が民事訴訟等において責任の立証の基礎とされない点で有罪答弁よりも有利であるとする（Dolot 2015, 616-620）。

の罰則は，フライング (gun jumping)，つまり届出を怠った合併のような場合にのみ適用されるという解釈になるだろうと指摘される (Lim and Recalde 2016, 166)。

(4) 民事訴訟

競争法違反行為によって直接被害を被った者は，委員会が審査を完了した後，自ら民事訴訟を提起することができる(45条)。なお，Lim and Recalde (2016, 19) は，1925年独占禁止法が定める 3 倍賠償の規定は，競争法の廃止条項（55条）によって明示的に廃止されていないため，なお有効と考えられると指摘する。

おわりに

本章では，フィリピン競争法制定の背景とその規制の特徴を概観した。フィリピンは歴史的な経緯からアメリカ法を受容し，独立後もアメリカ法が参照されることが多いが，競争法の起草過程においてはEU法などさまざまな競争法制が参照された。今後は諸外国の競争法制の動向をふまえながら，既存のフィリピンの法体系との整合性をとりつつ，解釈・運用が模索されることになるだろう。ただし，立法過程で必ずしも十分に詰められていない整合性問題が顕在化する可能性も残る。競争法は，下院および上院それぞれに提出された法案を合同委員会で統合するという作業の結果，生まれたものである。本章で指摘したように，下院法案，上院法案のあいだの考え方のちがいが，罰則規定の書きぶりに残ることが先行研究ですでに指摘されている。

もうひとつの課題は，競争委員会が，いわばまったくの更地に基礎から建物を建てたような組織だということである。委員長・委員が任命されて間もなく，職員も新たに集められている状態で，筆者が訪問した2016年段階においても，まだリクルート作業が続けられていた。委員会は職員のキャパシティ・ビルディングを進めながら，ガイドラインなどの整備を進めなければならない。M&Aの届け出はすでに始まっており，委員会は体

制作りを進めながら，同時に具体的な案件への対応も求められている。

参考文献

〈日本語文献〉

浅野幸穂 1992.『フィリピン――マルコスからアキノへ』アジア経済研究所.
アジア経済研究所 1974.「進む情勢安定化――1973年のフィリピン」アジア経済研究所編『アジア動向年報1974年版』アジア経済研究所.
稲正樹・孝忠延夫・國分典子編 2010.『アジアの憲法入門』日本評論社.
柏原千英 2006「フィリピン」『アジア金融セクターの規制緩和に関する法制度研究』（平成18年度金融庁委託研究）(https://www.fsa.go.jp/news/19/sonota/20070711-1/01-0.pdf 2017年10月28日最終アクセス).
――― 2010.「フィリピンにおける公的債務管理と財務行政の課題」柏原千英編『開発途上国と財政――歳入出，債務，ガバナンスにおける諸課題』日本貿易振興機構アジア経済研究所.
神尾真知子 1997.「フィリピンの憲法制度」作本直行編『アジア諸国の憲法制度』アジア経済研究所.
川島緑 2012.『マイノリティと国民国家――フィリピンのムスリム』山川出版社.
――― 2014.「南部フィリピン紛争――宗教的民族概念の形成と再定義をめぐって」『アジア太平洋研究』（成蹊大学アジア太平洋研究センター）39: 41-56.
川中豪 2002.「アロヨ大統領，政権安定化に向け苦闘――2001年のフィリピン」アジア経済研究所編『アジア動向年報2002年版』日本貿易振興会アジア経済研究所.
――― 2003.「フィリピンの民主化と制度改革」作本直行・今泉慎也編『アジアの民主化過程と法――フィリピン・タイ・インドネシアの比較』日本貿易振興会アジア経済研究所.
――― 2004.「フィリピンの大統領制と利益調整」『日本比較政治学会年報』6: 157-180.
――― 2005.「ポスト・エドサ期のフィリピン――民主主義の定着と自由主義経済的経済改革」川中豪編『ポスト・エドサ期のフィリピン』日本貿易振興機構アジア経済研究所.
――― 2010.「フィリピンの大統領制――大統領と議会のバーゲニングとその政策帰結への影響」粕谷祐子編『アジアにおける大統領の比較政治学――憲法構造と政党政治からのアプローチ』ミネルヴァ書房.
川中豪・鈴木有理佳 1999.「新政権の誕生と足踏みした経済――1998年のフィリピン」アジア経済研究所編『アジア動向年報1999年版』日本貿易振興会アジア経済研究所.
――― 2009.「和平交渉の頓挫とコメ騒動――2008年のフィリピン」アジア経済研究所編『アジア動向年報2009年版』日本貿易振興機構アジア経済研究所.
日下渉 2017.「弱い司法の『独立性』――フィリピンの最高裁判所と大統領」玉田芳史編『政治の司法化と民主化』晃洋書房.
衆議院憲法調査会事務局 2003.「フィリピン共和国憲法――概要及び翻訳」.
鈴木有理佳 2006.「アロヨ大統領の信頼揺らぐ――2005年のフィリピン」アジア経済研究所編『アジア動向年報2006年版』日本貿易振興機構アジア経済研究所.

──2007.「国家非常事態を一時宣言──2006年のフィリピン」アジア経済研究所編『アジア動向年報2007年版』日本貿易振興機構アジア経済研究所.

──2010a.「総選挙に向けて動く──2009年のフィリピン」アジア経済研究所編『アジア動向年報2009年版』日本貿易振興機構アジア経済研究所.

──2010b.「フィリピンにおける租税制度の課題」柏原千英編『開発途上国と財政──歳入出・債務・ガバナンスにおける諸課題』日本貿易振興機構アジア経済研究所.

──2014.「スーパー台風直撃──2013年のフィリピン」アジア経済研究所編『アジア動向年報2014年版』日本貿易振興機構アジア経済研究所.

──2015.「モロ・イスラーム解放戦線と和平合意──2014年のフィリピン」アジア経済研究所編『アジア動向年報2015年版』日本貿易振興機構アジア経済研究所.

──2016.「和平プロセス停滞のままアキノ大統領退任へ──2015年のフィリピン」アジア経済研究所編『アジア動向年報2016年版』日本貿易振興機構アジア経済研究所.

──2017.「型破りな大統領誕生──2016年のフィリピン」『アジア動向年報』日本貿易振興機構アジア経済研究所.

──2018.「2017年のフィリピン──戒厳令下でイスラーム過激派掃討めざす」アジア経済研究所編『アジア動向年報2018年版』日本貿易振興機構アジア経済研究所.

園田観希央・川原健司 2015.「フィリピン競争法の成立及びその概要」『国際商事法務』43（11）: 1629-1633.

大和総研 2014.「フィリピンの金融インフラに関する基礎的調査報告書」（平成25年度金融庁委託調査）https://www.fsa.go.jp/common/about/research/20140709-2/01.pdf （2017年10月28日最終アクセス）.

田中英夫編 1991.『英米法辞典』東京大学出版会.

谷川久・安田信之編 1983.『アジア諸国の企業法制』アジア経済研究所.

玉田芳史 2017.「なぜ司法化なのか？」玉田芳史編『政治の司法化と民主化』晃洋書房.

知花いづみ 2005.『司法の役割──民主主義と経済改革のはざまで』川中豪編『ポスト・エドサ期のフィリピン』日本貿易振興機構アジア経済研究所.

──2012.「2年目を迎えたアキノ政権の舵取り──2011年のフィリピン」アジア経済研究所編『アジア動向年報2012年版』日本貿易振興機構アジア経済研究所.

──2013.「内政安定化と経済成長への布石──2012年のフィリピン」アジア経済研究所編『アジア動向年報2013年版』アジア経済研究所.

知花いづみ・鈴木有理佳 2005.「第2期アロヨ政権の始動──2004年のフィリピン」アジア経済研究所編『アジア動向年報2005年版』日本貿易振興機構アジア経済研究所.

──2008.「アロヨ政権の信頼は低下するも経済は高成長──2007年のフィリピン」アジア経済研究所編『アジア動向年報2008年版』日本貿易振興機構アジア経済研究所.

辻本義男・辻本衣佐編 1993.『アジアの死刑』成文堂.

床呂郁哉 2012.「フィリピンにおけるムスリム分離主義運動とイスラームの現在」床呂郁哉・西井凉子・福島康博編『東南アジアのイスラーム』東京外国語大学アジア・アフリカ言語文化研究所.
中川剛 1987.「和訳・フィリピン1987年憲法／資料」『広島法学』11(1): 67-116.
野沢勝美 1987.「アキノ政権安定化への苦闘──1986年のフィリピン」アジア経済研究所編『アジア・中東動向年報1987年版』アジア経済研究所.
───1990.「再び緊迫した政治情勢──1989年のフィリピン」アジア経済研究所編『アジア動向年報1990年版』アジア経済研究所.
───1997.「イスラーム反政府勢力との和平協定──1996年のフィリピン」アジア経済研究所編『アジア動向年報1997年版』アジア経済研究所.
───1990.「再び緊迫した政治情勢──1989年のフィリピン」アジア経済研究所編『アジア動向年報1990年版』アジア経済研究所.
野沢勝美・浅野幸穂 1989.「相対的安定化進む──1988年のフィリピン」アジア経済研究所編『アジア動向年報1989年版』アジア経済研究所.
萩野芳夫（解説・訳）2007.「フィリピン共和国」萩野芳夫・畑博行・畑中和夫編『アジア憲法集』（第2版）明石書店.
福島光丘 1983.「遠のいた和解への道──1982年のフィリピン」アジア経済研究所編『アジア・中東動向年報1983年版』アジア経済研究所.
───1984.「緊迫化する政治・経済危機──1983年のフィリピン」アジア経済研究所編『アジア・中東動向年報1984年版』アジア経済研究所.
───1993.「平和的政権交替でも経済回復せず──1992年のフィリピン」アジア経済研究所編『アジア動向年報1993年版』アジア経済研究所.
松井茂記 2012.『アメリカ憲法入門』（第7版）有斐閣.
美甘信吾 2011.「ベニグノ・アキノⅢ新政権への期待──2010年のフィリピン」アジア経済研究所編『アジア動向年報2011年版』日本貿易振興機構アジア経済研究所.
村上政博 2011.『独占禁止法の新展開』判例タイムズ社.
村山史世 2003.「フィリピン大統領弾劾にみる政治と法」作本直行・今泉慎也編『アジアの民主化過程と法──フィリピン，タイ，インドネシアの比較』日本貿易振興会アジア経済研究所.
森壮也 2010.「障害者差別と当事者運動──フィリピンを事例に」小林昌之編『アジア諸国の障害者法』日本貿易振興機構アジア経済研究所.
───2017.「フィリピンにおける『ジェンダーと障害』」小林昌之編『アジア諸国の女性障害者と複合差別──人権確立の観点から』日本貿易振興機構アジア経済研究所.
森正美 2012.「フィリピンにおけるイスラーム法制度の運用と課題──離婚裁判事例を中心に」床呂郁哉・西井凉子・福島康博編『東南アジアのイスラーム』東京外国語大学アジア・アフリカ言語文化研究所.
安田信之 1985.『フィリピンの法・企業・社会』アジア経済研究所.
───1996.『ASEAN法』日本評論社.

〈外国語文献〉
Agabin, Pacifico A. 1989. "The Politics of Judicial Review over Executive Action: The Supreme Court and Social Change," *Philippine Law Journal* 64 (3 & 4): 189-210.
――――1997. "Judicial Review of Economic Policy under the 1987 Constitution," *Philippine Law Journal* 72 (2): 176-194.
――――2015. "The MOA-AD and Bangsamoro Basic Law: A Fragmentary Comparison," In *Peace and the Law: Perspectives on the Draft Bangsamoro Basic Law*, edited by Pacifico A. Agabin, Merlin M. Magallona, and Vicente V. Mendoza, Quezon City: University of the Philippines College of Law, Law Center.
Agabin, Pacifico A., Merlin M. Magallona, and Vicente V. Mendoza 2015. *Peace and the Law: Perspectives on the Draft Bangsamoro Basic Law*, Quezon City: University of the Philippines College of Law, Law Center.
Aldaba, Rafaelita M. and Geronimo S. Sy 2014. "Designing a Cooperation Framework for Philippine Competition and Regulatory Agencies," (http://dirp4.pids.gov.ph/webportal/CDN/PUBLICATIONS/pidsdps1431.pdf 2018年2月13日最終アクセス).
ASEAN 2013. *ASEAN Economic Community Blueprint* (http://asean.org/wp-content/uploads/archive/5187-10.pdf 2017年2月13日最終アクセス).
Azurin, Rene B. 2013. *Hacking Our Democracy, the Conspiracy to Electronically Control Philippine Elections*, Quezon City: Business World Publishing.
Bacus, Ray M. 2015. "Autonomy or Secession: Analysis of the Constitutionality of the Bangsamoro Basic Law," *Ateneo Law Journal* 59: 1433-1456.
Bernas, Joaquin G. 1995. *The Intent of the 1986 Constitution Writers*. Manila: Rex Book Store.
Castro, Solomon Ricardo B. and Martin Israel L. Pison 1993. "The Economic Policy Determining Function of the Supreme Court in Times of National Crisis," *Philippine Law Journal* 67 (3): 354-411.
Co, Edna E. A., Ramon L. Fernan Ⅲ, Maria Faina L. Diola, Amina Rasul, Mehol K. Sadain, Acram A. Latiph, Rufa C. Guiam, Benedicto R. Bacani, and Raphael N. Montes Jr. 2013. *State of Local Democracy in the Autonomous Region in Muslim Mindanao (SoLD ARMM)*, UP-NCPAG (National College of Public Administration and Governance, University of the Philippines Dilliman) and PCID (The Philippine Center for Islam and Democracy).
COMELEC 2016. "Press Release: COMELEC Recognizes Partners for Invaluable Support in the May 2016 National, Local, and ARMM Elections," August 12 (https://www.comelec.gov.ph/php-tpls-attachments/2016NLE/PressRelease/12Aug2016pr4.pdf 2017年10月12日最終アクセス).
Dolot, Diane Jane, Ma. Elaine Marcilla, Joan Therese Medalla, and Amylane Medina 2015. "The Regulatory Impact of the Philippine Competition Act and Derivative Objections to a New Enforcement Regime," *Philippine Law Journal* 89 (3): 606-

626.

Gatmaytan, Dante B. 2011. "The Judicial Review of Constitutional Amendments: The Insurance Theory in Post-Marcos Philippines," *Philippine Law and Society Review* 1(1): 74-94.

―― 2017. *More Equal Than Others: Constitutional Law and Politics*, Quezon city: U.P. Law Complex.

Ginsburg, Tom 2003. *Judicial Review in New Democracies:Constitutional Courts in Asian Cases*. Cambridge: Cambridge University Press.

Gutierrez, Ibarra M. Ⅲ 2010. "The Judicially Legislated Concept of Marginalization and the Death of Proportional Representation: The Party List System after BANAT and Ang Bagong Bayani," *Philippine Law Journal* 84 (3): 606-629.

Hirschl, Ran 2004. *Towards Juristocracy: The Origins and Consequences of the New Constitutionalism*. Cambridge: Harvard University Press.

Kandelia, Seema 2006. "Incestuous Rape and the Death Penalty in the Philippines: Psychological and Legal Implications," *Philippine Law Journal* 80 (4): 697-710.

La Viña, Antonio 2013. "The Creation of the Bangsamoro: Issues, Challenges, and Solutions," *Philippine Law and Society Review* 2: 3-44.

Lim, Francisco and Eric R. Recalde 2016. *The Philippine Competition Act: Salient Points and Emerging Issues*, Manila: Rex Books Store.

Magallona, Merlin M. 2015. "Problem Areas in the Bangsamoro Basic Law," In *Peace and the Law: Perspectives on the Draft Bangsamoro Basic Law*, edited by Pacifico A. Agabin, Merlin M. Magallona, and Vicente V. Mendoza, Quezon City: University of the Philippines College of Law, Law Center.

Medalla, Erlinda M. 2003. *Philippine Competition Policy in Perspective*, Makati City: Philippine Institute for Development Studies (http://dirp3.pids.gov.ph/ris/books/pidsbk03-ppscompetition.pdf　2017年2月13日最終アクセス).

Mendoza, Vicente V. 2008. "The Legal Significance of the MOA on the Bangsamoro Ancestral Domain," *Philippine Law Journal* 83 (2): 488-497.

―― 2015. "The Bangsamoro Bill Needs the Approval of the Filipino People," In *Peace and the Law: Perspectives on the Draft Bangsamoro Basic Law*, edited by Pacifico A. Agabin, Merlin M. Magallona, and Vicente V. Mendoza, Quezon City: University of the Philippines College of Law, Law Center.

NDI (National Democratic Institute for International Affairs) 2004. "Report on the 2004 Elections," August 2004 (https://www.ndi.org/sites/default/files/1745_ph_elections_083104_body_1.pdf　2017年10月28日最終アクセス).

Rivera, Temario C. 2011. "In Search of Credible Elections and Parties: the Philippine Paradox," In *Chasing the Wind: Assessing Philippine Democracy*, edited by Felipe Miranda, Temario C. Rivera, Malaya C. Ronas, and Ronald D. Holmes, Commission on Human Rights.

Santiago, Miriam Defensor 2016. *Constitutional Law Text and Cases (3rd Ed.)*, Volume I: Political Structure, Manila: Rex Book Store.

Santos, Antonio M. 2013. *A Guide to Philippine Legal Information: An Introduction to Legal Bibliography, Legal History, Legal System, Legal Philosophy, Legal Research, Legal Profession*, Quezon City: University of the Philippines, College of Law.

Santos, Soliman M. Jr. 2000. "The Philippines-Muslims Dispute: International Aspects from Origins to Resolution," *World Bulletin* 16 (1/2): 1-43.

―― 2009. "A Critical View of the Supreme Court Decision on the MOA-AD from the Perspective of the Mindanao Peace Process," *Philippine Law Journal* 84 (1): 255-309.

Schaffer, Frederic Charles 2009. *The Hidden Costs of Clean Election Reform*, Quezon City: Ateneo de Manila University Press.

Senate 2015. "Report by the Committee on Constitutional Amendments and Revision of Codes," May 11 (https://www.senate.gov.ph/press_release/2015/BANGSAMORO %20BASIC%20LAW%20Report%20of%20the%20Committee%20on%20Consti%20Amendments%2011May2015.pdf 2018年2月24日最終アクセス).

Sweet, Alec Stone 2000. *Governing with Judges: Constitutional Politics in Europe*, Oxford, New York ,Tokyo: Oxford University Press.

SWS (Social Weather Station) 2016. "Survey of Enterprises on Corruption 2016," October 2016 (https://www.business-anti-corruption.com/country-profiles/the-philippines 2017年10月28日最終アクセス).

Tan, Oscar Franklin B. 2009. "The New Philippine Separation of Powers: How the Rulemaking Power May Expand Judicial Review into True Judicial Supremacy," *Philippine Law Journal* 83 (4): 868-934.

参照法令

	法 令	章
Act 3247	1925年独占・取引制限的結合禁止法 Act to Prohibit Monopolies and Combinations in Restraint of Trade	第5章
Act 3815	1930年改正刑法典 Revised Panel Code	第1章
PD442	1974年労働法典 Labor Code	第1章
PD1083	1977年フィリピンムスリム属人法典 Code of Muslim Personal Laws	第4章
BP20	1979年地域立法議会設置法 Act Providing for the Organization of the Sangguniang Pampook in Each of Regions Nine and Twelve, Providing Funds Therefor, and for Other Purposes	第4章
BP129	1980年司法改組法 Judiciary Reorganization Act	第3章
BP881	1985年オムニバス選挙法典 Omnibus Election Code	第2章
EO226	1987年包括投資法典 Omnibus Investment Code	第1章
EO292	1987年行政法典 Administrative Code	序論
RA6649	1988年ムスリム・ミンダナオ地域諮問委員会設置法 Regional Consultative Commission Act for the Autonomous Region in Muslim Mindanao	第4章
RA6657	1988年包括的農地改革法 Comprehensive Agrarian Reform Law	第1章
RA6658	1988年コルディリェラ地域諮問委員会設置法 Cordillera Regional Consultative Commission Act	第4章

RA6715	1989年新労働関係法 New Labor Relations Law	第1章
RA6734	1989年ムスリム・ミンダナオ自治地域組織法 Organic Act for the Autonomous Region in Muslim Mindanao	第1章, 第4章
RA6735	1989年発議・レファレンダム法 Initiative and Referendum Act	第1章
RA6766	1989年コルディリェラ自治地域組織法 Organic Act for the Cordillera Autonomous Region	第1章, 第4章
RA6768	1989年帰国移民プログラム制度化法 Act Instituting a Balikbayan Program	第1章
RA6826	1989年非常事態宣言と大統領への治安維持のための授権に関する法律 Grant of Emergency Powers to the President	第1章
RA6832	1990年クーデタ未遂調査委員会設置法 Creation of a Fact-Finding Commission to Investigate the Failed December 1989 Coup d'Etat	第1章
RA6957	1990年建設・運営・委譲法（BOT法） Build-Operate-Transfer Law	第1章
RA6965	1990年石油製品に対する課税形式再編法 Act Revising the Form of Taxation of Petroleum Products from Ad Valorem to Specific ※1989年歳入法典（RA6767）の改正	第1章
RA6968	1990年反乱，クーデタの首謀者への刑罰規定に関する改定刑法典の改正 Coup d'Etat Law ※1930年改定刑法典（Act 3815）の改正	第1章
RA7042	1991年外国投資法 Foreign Investment Act	第1章, 第5章
RA7056	1991年統一国政地方選挙法 Synchronized National and Local Elections Act	第2章

RA7160	1991年地方政府法典 Local Government Code	第1章, 第4章
RA7277	1992年障害者のマグナカルタ Magna Carta for Disabled Persons	第2章
RA7610	1992年子ども虐待・搾取・差別特別保護法 Special Protection of Children Against Child Abuse, Exploitation and Discrimination Act	第1章
RA7640	1992年立法執行開発諮問評議会設置法 Act Constituting the Legislative-Executive Development Advisory Council	第1章
RA7648	1993年電力危機法 Electric Power Crisis Act	第1章
RA7653	1993年新中央銀行法 New Central Bank Act	第1章, 第5章
RA7659	1993年死刑法 Death Penalty Law	第1章
RA7716	1994年付加価値税（VAT）適用範囲拡大法 Expanded Value Added Tax (VAT) Law	第1章
RA7717	1994年証券取引税法 Act Imposing a Tax on Sale, Barter or Exchange of Certain Shares of Stocks	第1章
RA7721	1994年外国銀行参入・事業範囲自由化法 Act Liberalizing the Entry and Operations of Foreign Banks in the Philippines	第1章, 第5章
RA7843	1994年反ダンピング法 Anti-Dumping Act	第1章
RA7844	1994年輸出促進法 Act to Develop Exports as a Key Towards the Achievement of the National Goals Towards the Year 2000	第1章
RA7916	1995年経済特区法 Special Economic Zone Act	第1章

RA7941	1995年政党名簿制法 Party-List System Act	第2章
RA7942	1995年鉱業法 Mining Act	第5章
RA8179	1996年外国投資法改正 Amending the Foreign Investment Act ※1991年外国投資法（RA7042）の改正	第1章, 第5章
RA8180	1996年石油下流産業規制緩和法 Downstream Oil Industry Deregulation Act ※違憲無効	第1章, 第3章
RA8184	1996年石油製品に対する課税形式再編法 Act Restructuring the Excise Tax on Petroleum Products ※1977年内国歳入法（PD1158）145, 151条の改正	第1章
RA8371	1997年先住民権利法 Indigenous Peoples' Rights Act	第2章, 第4章
RA8424	1997年租税改革法 Tax Reform Act ※1977年内国歳入法（PD1158）の改正	第1章
RA8435	1997年農業漁業近代化法 Agriculture and Fisheries Modernization Act	第5章
RA8436	1998年自動化選挙法 Act Authorizing the Commission on Elections to Use an Automated Election System in the May 11, 1998 National or Local Elections	第2章
RA8438	コルディリェラ自治地域設置法 Act to Establish the Cordillera Autonomous Region	第4章
RA8479	1998年石油下流産業規制緩和法 Downstream Oil Industry Deregulation Act	第1章, 第3章
RA8748	1999年経済特区法改正 Special Economic Zone Act ※1995年経済特区法（RA7916）の改正	第1章

RA8749	1999年大気汚染防止法 Clean Air Act	第1章
RA8751	1999年相殺関税法改正 Act Strengthening the Mechanisms for the Imposition of Countervailing Duties on Imported Subsidized Products ※1978年相殺関税法（PD1464）の改正	第1章
RA8752	1999年反ダンピング法改正 Act Providing the Rules for the Imposition of an Anti-Dumping Duty ※1994年反ダンピング法（RA7843）の改正	第1章
RA8758	1999年民営化委員会の任期延長法 Act Extending the Term of the Committee on Privatization	第1章
RA8759	1999年公職対策室法 Public Employment Service Office Act	第1章
RA8762	2000年小売取引自由化法 Retail Trade Liberalization Act	第1章, 第5章
RA8763	2000年住宅保証公社法 Home Guaranty Corporation Act	第1章
RA8791	2000年一般銀行法 General Banking Law	第1章, 第5章
RA8792	2000年電子商取引法 Electronic Commerce Act	第1章
RA8794	2000年車両利用者税法 Act Imposing a Motor Vehicle User's Charge Act	第1章
RA8799	2000年証券規制法典 Securities Regulation Code	第1章
RA8800	2000年セーフガード措置法 Safeguard Measures Act	第1章
RA8974	2000年インフラ整備事業促進法 Acquisition of Right-of-Way, Site or Location for National Government Infrastructure Projects	第1章

FA8975	2000年政府インフラプロジェクトへの仮差し止め令禁止法 Act Prohibiting Lower Courts from Issuing Temporary Restraining Orders on Government Infrastructure Projects	第1章
RA8981	2000年専門職規制委員会近代化法 PRC Modernization Act	第1章
RA9006	2001年公正選挙法 Fair Election Act	第1章, 第2章
RA9054	2001年ムスリム・ミンダナオ自治地域組織法 Organic Act for the Autonomous Region of Muslim Mindanao	第4章
RA9136	2001年電力産業改革法 Electric Power Industry Reform Act	第1章, 第5章
RA9160	2001年マネーロンダリング防止法 Anti-Money Laundering Act	第1章
RA9189	2003年在外不在者投票法 Overseas Absentee Voting Act	第1章, 第2章
RA9208	2003年人身売買防止法 Anti-Trafficking in Persons Act	第1章
RA9231	2003年子ども虐待・搾取・差別特別保護法改正 Amending the Special Protection of Children Against Child Abuse, Exploitation and Discrimination Act ※1992年子ども虐待・搾取・差別特別保護法（RA7610）の改正	第1章
RA9267	2004年証券化法 Securitization Act	第1章
RA9275	2004年水質浄化法 Clean Water Act	第1章
RA9282	2004年租税控訴裁判所設置法改正 Act Expanding the Jurisdiction of the Court of Tax Appeals (CTA), Elevating Its Rank to the Level of a Collegiate Court with Special Jurisdiction ※1954年租税控訴裁判所設置法（RA1125）の改正	第1章

RA9334	2004年酒・たばこ税法 Act Increasing the Excise Tax Rates Imposed on Alcohol and Tobacco Products ※1997年租税改革法（RA8424）の改正	第1章
RA9335	2005年人員漸減法 Attrition Act	第1章
RA9337	2005年付加価値税（VAT）適用範囲拡大法改正 Value Added Tax (VAT) Reform Act	第1章
RA9369	2007年選挙近代化法 Election Modernization Act ※1998年自動化選挙法（RA8436）の改正	第2章
RA9504	2008年所得税簡素化法 Amending the Tax Reform Act ※1997年租税改革法（RA8424）の改正	第1章
RA9510	2008年信用情報制度法 Credit Information System Act	第1章
RA9648	2009年証券取引税法改正 Act Exempting from Documentary Stamp Tax Any Sale, Barter or Exchange of Shares of Stock Listed and Traded through the Stock Exchange ※2004年内国歳入法の文書スタンプ税合理化規定（RA9243）の改正	第1章
RA9700	2009年包括的農地改革改正法 Amending the Comprehensive Agrarian Reform Law ※1988年包括的農地改革法（RA6657）の改正	第1章
RA9710	2009年女性のマグナカルタ Act Providing for the Magna Carta of Women	第1章, 第2章
RA10149	2011年政府系会社・金融公社合理化法 GOCC Governance Act	第1章
RA10150	2011年電力産業改革法改正 Act Extending the Implementation of the Lifeline Rate ※2001年電力産業改革法（RA9136）の改正	第1章

RA10165	2012年児童養護法 Foster Care Act	第1章
RA10173	2012年データ・プライバシー法 Data Privacy Act	第1章
RA10174	2012年気候変動法改正 People's Survival Fund ※2009年気候変動法（RA9729）の改正	第1章
RA10175	2012年サイバー犯罪防止法 Cybercrime Prevention Act	第1章
RA10349	2012年国軍近代化法改正 Amendments to AFP Modernization Act ※1995年国軍近代化法（RA7898）の改正	第1章
RA10351	2012年酒・たばこ税法改正 Act Restructuring the Excise Tax on Alcohol and Tobacco Products ※1997年租税改革法（RA8424）および2004年酒・たばこ税法（RA9334）の改正	第1章
RA10354	2012年人口抑制法 Responsible Parenthood and Reproductive Health Act	第1章
RA10366	2013年障害者および高齢者のための投票環境整備法 Act Authorizing COMELEC to Establish Precincts Assigned to Accessible Polling Places Exclusively for PWDs and Senior Citizens	第2章
RA10531	2013年国家電化庁改革法 National Electrification Administration Reform Act ※1973年国家電化行政令（PD269）の改正	第1章
RA10533	2013年拡大基礎教育法 Enhanced Basic Education Act	第1章
RA10606	2013年国家健康保険法改正 National Health Insurance Act ※1995年国家健康保険法（RA7875）の改正	第1章

RA10638	2014年フィリピン国有鉄道設置法改正 Act Extending the Corporate Life of the Philippine National Railways ※1964年フィリピン国有鉄道設置法（RA4156）の改正	第1章
RA10641	2014年外国銀行全面参入法 Act Allowing the Full Entry of Foreign Banks in the Philippines ※1994年外国銀行参入・事業範囲自由化法（RA7721）の改正	第1章, 第5章
RA10643	2014年図形健康警告表示法 Graphic Health Warnings Law	第1章
RA10647	2014年階段式教育法 Ladderized Education Act	第1章
RA10667	2015年フィリピン競争法 Philippine Competition Act	第1章, 第5章
RA10668	2015年内国海運法 Act Allowing Foreign Vessels to Transport and Co-Load Foreign Cargoes for Domestic Transshipment	第1章
RA10708	2015年租税優遇措置管理・透明性法 Tax Incentives Management and Transparency Act (TIMTA)	第1章
RA10844	2015年情報通信技術省設置法 Department of Information and Communications Technology Act	第1章

（注）　略称がない法律については概要を記述。

参照判例

年	判　決	掲　載
1973	「ハベリャナ対官房長官」事件 Javellana v. Executive Secretary, G.R. No. L-36142, March 31, 1973	第1章
1993	「マカシアノ対国家住宅局」事件 Macasiano v. National Housing Authority, G.R. No. 107921, July 1, 1993	第3章
1993	「オポサ対ファクトラン」事件 Oposa v. Factoran, G.R. No. 101083, July 30, 1993	第3章
1997	「マニラ・プリンス・ホテル対公務員保険機構」事件 Manila Prince Hotel v. GSIS, G.R. No. 122156, February 3, 1997	第3章, 第5章
1997	「サンチアゴ対選挙委員会」事件 Santiago v. COMELEC, G.R. No. 127325, March 19, 1997	第1章
1997	「ピメンテルIII対選挙委員会」事件 Pimentel III v. COMELEC, G.R. No. 178413, March 19, 1997	第2章
1997	「タニャダ対アンガラ」事件 Tañada v. Angara, G.R. No. 118295, May 2, 1997	第5章
1997	「タタッド対エネルギー長官」事件 Tatad v. Secretary of the Department of Energy, G.R. No. 124360 & 127867, November 5, 1997	第3章
2001	「エストラーダ対デシエルト」事件 Estrada v. Desierto, G. R. 146710-15 & 146738, March 2, 2001	第3章
2003	「アギャンJr.対フィリピン国際空港ターミナル社」事件 Agan, Jr. v. Philippine International Air Terminals Co., Inc., G.R. No. 155001, 155547 & 155661, May 5, 2003	第3章
2003	「フランシスコ対下院」事件 Francisco v. House of Representatives, G.R. No. 160261, 160262 & 160263, November 10, 2003	第3章
2006	「ランビノ対選挙委員会」事件 Lambino v. COMELEC, G.R. No. 174153 & 174299, October 25, 2006	第1章

2008	「セマ対選挙委員会」事件 Sema v. COMELEC, G.R. No. 177597 & 178628, July 16, 2008	第4章
2008	「北コタバト州対政府和平団（先祖伝来の土地担当）」事件 Province of North Cotabato v. Government of the Republic of the Philippines Peace Panel, G.R. No. 183591, 183752 & 183893, October 14, 2008	第3章, 第4章
2009	「BANAT党対選挙委員会」事件 Barangay Association for National Advancement and Transparency (BANAT) v. COMELEC, G. R. No. 179271 & 179295, July 8, 2009	第2章
2011	「ハシエンダ・ルイシタ社対大統領農地改革評議会」事件 Hacienda Luisita, Inc. v. Presidential Agrarian Reform Council, G.R. No. 171101, November 22, 2011	第3章

主要なウェブサイト

行政府	URL
大統領府　Office of the President	https://op-proper.gov.ph
立法行政開発諮問評議会 Legislative Executive Development Advisory Council（LEDAC）	http://ledac.neda.gov.ph
上院　Senate	https://www.senate.gov.ph
下院　House of Representatives	http://www.congress.gov.ph
最高裁判所　Supreme Court	http://sc.judiciary.gov.ph
控訴裁判所　Court of Appeals	https://ca2.judiciary.gov.ph/caws-war
公務員特別裁判所　Sandiganbayan	http://sb.judiciary.gov.ph
税控訴裁判所　Court of Tax Appeals	http://cta.judiciary.gov.ph
司法省訴訟長官室 Office of the Solicitor General, DOJ	http://www.osg.gov.ph
競争委員会 Philippine Competition Commission（PCC）	https://phcc.gov.ph
人権委員会 Commission on Human Rights（CHR）	http://chr.gov.ph
司法法曹評議会 Judicial and Bar Council（JBC）	http://jbc.judiciary.gov.ph
統一弁護士会 Integrated Bar of the Philippines（IBP）	http://www.ibp.ph
選挙委員会 Commission on Elections（COMELEC）	http://www.comelec.gov.ph
在外投票事務局 Overseas Voting Secretariat, DFA	http://www.dfa-oavs.gov.ph
上院選挙審判所 Senate Electoral Tribunal（SET）	http://www.set.gov.ph
自由選挙のための全国市民運動 National Citizens' Movement for Free Elections（NAMFREL）	http://www.namfrel.com.ph

責任ある投票のための教区会議 Parish Pastoral Council for Responsible Voting（PPCRV）	http://www.ppcrv.org
カトリック司教協議会 Catholic Bishops' Conference of the Philippines（CBCP）	https://cbcpwebsite.com
先住民国家委員会 National Commission on Indigenous Peoples（NCIP）	http://www.ncipro67.com.ph
ムスリム・ミンダナオ自治地域 Autonomous Region in Muslim Mindanao（ARMM）	https://armm.gov.ph
ARMM地域立法議会 Regional Legislative Assembly, ARMM	http://rla.armm.gov.ph
フィリピン統計局 Philippine Statistics Authority（PSA）	https://psa.gov.ph
ソーシャル・ウェザー・ステーション（世論調査機関） Social Weather Station（SWS）	https://www.sws.org.ph/swsmain/home

索引

〈人名〉

【あ行】

アキノ, コラソン (Corazón Aquino) 13-15, 26, 28-31, 33, 36, 39, 50, 58, 64, 73, 74, 80, 81, 85, 87, 96, 98
アキノⅢ, ベニグノ (Benigno Simeon Cojuangco Aquino Ⅲ) 22, 24, 39, 40, 53, 79, 80, 83, 87, 94, 95, 108, 134
アキノ Jr., ベニグノ (Benigno Aquino, Jr.) 13, 39
アブエバ, ホセ (Jose V. Abueva) 38
アランパイ, ネスター (Nestor B. Arampay) 81
アロヨ, グロリア・マカパガル (Gloria Macapagal Arroyo) 21, 22, 24, 28, 36-39, 51, 53, 58, 64, 80-87, 94, 99, 102, 123, 127, 134
アンパトゥアン, ダトゥ・ザルディ・プティ (Datu Zaldy Puti C. Ampatuan) 93
イクバル, モハゲル (Mohagher Iqbal) 109, 110
ヴェラスコ, プレスビテロ (Presbitero J. Velasco, Jr.) 107
エストラーダ, ジョセフ (Joseph E. Estrada) 24, 32, 34-36, 64, 80-83, 87, 133

【か行】

カリダ, ホセ (Jose Calida) 86
ガルシア, カルロス (Carlos P. Garcia) 73
ギテレス, ヒューゴ (Hugo E. Guiterrez, Jr.) 81
コファンコ, エドゥアルド (Eduardo Cojuangco, Jr.) 34
コロナ, レナト (Renato Corona) 24, 82, 84, 85, 87

【さ行】

サントス, アバド (Abado Santos) 81, 107
シソン, ホセ・マリア (José María Sison) 5
ズビリ, フアン・ミゲル (Juan Miguel Zubiri) 51, 52
セレノ, マリア・ローデス (Maria Lourdes Sereno) 24, 85-87

【た行】

ダビデ, ヒラリオ (Hiralio Davide, Jr.) 64, 83
ティーハンキー, クラウディオ (Claudio Teehankee, Sr.) 14, 81
デ・カストロ, テレシタ・レオナルド (Teresita Leonard de Castro) 86
デレス, テレシタ・ギン (Teresita Quintos-Deres) 108
ドゥテルテ, ロドリゴ (Rodrigo Roa Duterte) 24, 41, 43, 79, 80, 86, 87, 93, 94, 115, 117, 123, 124

【な行】

ナサリオ, ミニタ・チコ (Minita V. Chico-Nazario) 107
ナチュラ, アントニオ・エドゥアルド (Antonio Eduardo B. Nachura) 107
ナルバサ, アンドレス (Andres R. Narvasa) 36

179

【は行】

パガニバン，アーテミオ（Artemio V. Panganiban） 76
パルマ，セシリア（Cecilia Munoz-Palma） 14
ピメンテルⅢ，アキリノ（Aquilino Pimentel Ⅲ） 51, 52
フェルナン，マルセロ（Marcelo Fernan） 4
プノ，レイナト（Reynato S. Puno） 82
ヘレラ，アメウルフィナ（Ameurfina Melencio-Herrerra） 81

【ま行】

マカパガル，ディオスダド（Diosdado Macapagal） 35, 36
マルコス，イメルダ（Imelda Marcos） 34
マルコス，フェルディナンド（Ferdinando Marcos） 11-17, 25, 29, 32, 34, 35, 46, 50, 63, 65, 67, 70, 73, 81, 87, 92
ミスアリ，ヌル（Nur Misuari） 92, 99

ムラド，エブラヒム（Murad Ebrahim） 93, 108
メンドーサ，ヴィセンテ（Vicente V. Mendoza） 107, 114
モラレス，コンチタ・カルピオ（Conchita Carpio-Morales） 84

【や行】

ヤップ，ペドロ（Pedro Yap） 4

【ら行】

ラモス，フィデル（Fidel V. Ramos） 21, 22, 28, 32-34, 52, 59, 65, 73, 75, 76, 80, 81, 99, 102, 128
レオネン，マルヴィック・ビクトール（Marvic M. V. F. Leonen） 108, 109
ロハス，マヌエル（Manuel Roxas） 11
ロブレド，ジェシー（Jesse M. Robredo） 59
ロブレド，レニ（Maria Leonor Gerona Robredo） 59

〈事 項〉

【アルファベット】

MOA-AD 93, 95, 102-108, 112, 114, 115, 123
NAMFREL 50

【あ行】

違憲審査 63, 65, 66, 68-70, 72, 74, 75, 77, 87
違憲判決 33, 69, 70, 87, 93-95, 102, 107, 108, 115, 123
違憲判断 33, 69, 70, 73, 127, 128

【か行】

戒厳令 12, 17, 18, 70, 81, 86, 92, 93, 124
企業結合 135, 141, 146-148, 156
規制緩和 32, 33, 40, 74-76, 126, 128, 131, 132
規則制定権 9, 27, 48, 71
競争委員会 125, 135, 136, 138, 149, 152, 157
競争政策 131, 132, 134-136
競争法 40, 125-157
経済条項 36, 72, 73, 87, 127, 128
原告適格 12, 68, 69, 72, 74, 75, 77, 104
憲法改正 11-13, 19, 28, 31, 33, 36, 38, 39,

41, 65, 93, 94, 104, 107, 110, 112, 114-117, 123, 124
憲法起草委員会　14
権利章典　16, 25, 116
控訴裁判所　67, 81, 107, 155
公務員裁判所（サンディガンバヤン）　67, 82, 83

【さ行】

在外投票　54-56
在外フィリピン人　27, 30, 47, 55-57
最高裁判所　12, 14, 18, 23, 24, 28, 33, 38, 39, 51, 58, 63-72, 74-87, 93, 94, 98, 102, 104-107, 127, 128, 130, 132
施政方針演説（SONA）　19, 38, 94, 134
自動化選挙　43, 46, 52-54, 62
支配的地位　134-136, 142, 144-146, 155
司法の独立　78, 87
シャリーア　67, 68, 96, 100, 112, 120
障害者　26, 60-62, 101
人権委員会　25-27
人権保障　25
政治問題の法理　65, 68, 104
政党名簿方式　19, 44, 47, 56, 58
石油下流産業規制緩和法　32, 33, 75, 76, 131
選挙委員会（COMELEC）　13, 16, 33, 39, 47, 51, 58
選挙監視団　13, 50
選挙審判所　19, 51, 52
先住民　51, 59, 60, 103, 105, 114, 120, 122
――権利法　59, 105

【た行】

弾劾　23, 24
　最高裁判所長官の――　66, 78, 79, 82-87
　大統領の――　35, 38, 64
地域諮問委員会（RCC）　98
地域立法議会　96, 116
地方立法評議会　59

適用免除　141
独占禁止法　125, 131, 132, 142, 157

【は行】

発議　18, 28, 33, 39, 48, 101, 106
罰則　156, 157
反競争的協定　134-138, 140-142
バンサモロ
　――移行当局　100, 110, 118, 122
　――議会　100, 111, 121
　――基本法（BBL）　93, 94, 100, 108, 110-115, 117-120, 123
　――自治地域（BARMM）　117-122
　――司法制度　100, 110, 112, 120
　――人権委員会　112
　――人民　103, 105, 110, 114, 115, 119, 120
　――政府　100, 111-114, 120, 122, 123
　――組織法　93, 100, 117-121, 123, 124
　――機構（BJE）　95, 103
　――包括的協定（CAB）　93, 94, 109
フィリピン人優先の原則　73, 74

【ま行】

マグナカルタ
　障害者の――　61
　女性の――　37, 57
ムスリム・ミンダナオ自治地域（ARMM）　6, 30, 40, 44, 47, 90, 92-96, 99, 101, 102, 109-111, 116-119, 122-124
モロ・イスラーム解放戦線（MILF）　35, 40, 90, 92-94, 96, 102, 104, 108-110, 117, 122, 124
モロ民族解放戦線（MNLF）　90, 92, 93, 95, 96, 99

【ら行】

リニエンシー　141-143, 151
立法執行開発諮問評議会（LEDAC）　21, 32

令状管轄権　70
レファレンダム　12, 18, 48, 98, 101, 119

【わ行】

和平合意　40, 90, 93, 94-96, 99, 108, 115, 117, 122, 123

複製許可およびPDF版の提供について

点訳データ，音読データ，拡大写本データなど，視覚障害者のための利用に限り，非営利目的を条件として，本書の内容を複製することを認めます（http://www.ide.go.jp/Japanese/Publish/reproduction.html）。転載許可担当宛に書面でお申し込みください。

また，視覚障害，肢体不自由などを理由として必要とされる方に，本書のPDFファイルを提供します。下記のPDF版申込書（コピー不可）を切りとり，必要事項をご記入のうえ，販売担当宛ご郵送ください。

折り返しPDFファイルを電子メールに添付してお送りします。

〒261-8545　千葉県千葉市美浜区若葉3丁目2番2
日本貿易振興機構 アジア経済研究所
研究支援部出版企画編集課　各担当宛

ご連絡頂いた個人情報は，アジア経済研究所出版企画編集課（個人情報保護管理者－出版企画編集課長 043-299-9534）が厳重に管理し，本用途以外には使用いたしません。また，ご本人の承諾なく第三者に開示することはありません。

アジア経済研究所研究支援部 出版企画編集課長

PDF版の提供を申し込みます。他の用途には利用しません。

知花 いづみ・今泉 慎也 著
『現代フィリピンの法と政治──再民主化後30年の軌跡──』
【アジ研選書 No. 53】2019年

住所 〒

氏名：　　　　　　　　　　年齢：

職業：

電話番号：

電子メールアドレス：

執筆者一覧

知花 いづみ（アジア経済研究所新領域研究センター研究員）
今泉 慎也（アジア経済研究所新領域研究センター上席主任研究員）

［アジ研選書 No. 53］
現代フィリピンの法と政治──再民主化後30年の軌跡──
2019年3月18日発行　　　　　　　　定価［本体2,300円＋税］
著　者　知花 いづみ・今泉 慎也
発行所　アジア経済研究所
　　　　独立行政法人日本貿易振興機構
　　　　千葉県千葉市美浜区若葉3丁目2番2　〒261-8545
　　　　研究支援部　　電話　043-299-9735（販売）
　　　　　　　　　　 FAX　043-299-9736（販売）
　　　　　　　　　　 E-mail　syuppan@ide.go.jp
　　　　　　　　　　 http://www.ide.go.jp
印刷所　モリモト印刷株式会社
Ⓒ独立行政法人日本貿易振興機構アジア経済研究所 2019
落丁・乱丁本はお取り替えいたします　　　無断転載を禁ず
　　　　　　　　　　　　　　　　　　　　ISBN 978-4-258-29053-6

出版案内
「アジ研選書」

(表示価格は本体価格です)

53 現代フィリピンの法と政治
再民主化後30年の軌跡
知花いづみ・今泉慎也著　2019年 182p. 2300円

アジア諸国における民主化運動と憲法改革の先駆けとなったフィリピンの1987年憲法の制度設計と政治・社会との関係の考察を通じて、フィリピンの政治と法の課題を探る。

52 21世紀のフィリピン経済・政治・産業
最後の龍になれるか？
柏原千英編　2019年 186p. 2400円

「アジアの奇跡」に乗り遅れたフィリピンは、約30年遅れて「最後の龍」になれるだろうか。近年、活況を呈する同国の2000年代以降における経済・政治・産業を概観・解説する。

51 アジアの障害者のアクセシビリティ法制
バリアフリー化の現状と課題
小林昌之編　2019年 207p. 2600円

障害者がほかの者と平等に人権および基本的自由を享有するための前提条件であるアクセシビリティの保障について、アジア6カ国の法整備の実態を分析し、課題を明らかにする。

50 習近平「新時代」の中国
大西康雄編　2019年 214p. 2600円

2期10年の慣例を超えた長期政権を目指す習近平政権は、多くの課題に直面してもいる。本書では、諸課題の分析を通じ、政権が「新時代」を切り拓くための条件を展望する。

49 不妊治療の時代の中東
家族をつくる，家族を生きる
村上薫編　2018年 245p. 3100円

男女とも「親になって一人前」とされる中東。不妊治療が急速に普及する今、人々は家族をどうつくり，生きようとしているのか。宗教倫理・医療的背景とともに、その営みを描く。

48 ハイチとドミニカ共和国
ひとつの島に共存するカリブ二国の発展と今
山岡加奈子編　2018年 200p. 2500円

カリブ海に浮かぶイスパニョーラ島を分け合うハイチとドミニカ共和国。日本ではほとんど知られていない両国は、開発と経済発展、個人独裁の歴史、国民の生活水準、貧困と格差、大国の介入といった点で、共通点と際立った差異の両方を見せている。中米・カリブの専門家によるパイオニア的研究書。

47 マクロ計量モデルの基礎と実際
東アジアを中心に
植村仁一編　2018年 204p. 2600円

分析手法としてのマクロ計量モデルの歴史、構築のイロハから各国での活用例、大規模モデルへの発展まで、東アジアを中心として解説する。また、今後同地域が直面していくであろう高齢化といった問題を取り込む試みも行う。

46 低成長時代を迎えた韓国
安倍誠編　2017年 203p. 2500円

かつてのダイナミズムを失って低成長と格差の拡大に苦しむ韓国の現在を、産業競争力と構造調整、高齢化と貧困、非正規雇用、社会保障政策の各テーマを中心に描き出す。

45 インドの公共サービス
佐藤創・太田仁志編　2017年 259p. 3200円

1991年の経済自由化から4半世紀が経過した今日、国民生活に重要なインドの公共サービス部門はどのような状況にあるのか。本書では飲料水、都市ごみ処理等の公共サービスの実態を明らかにし、またその改革の方向を探る。

44 アジアの航空貨物輸送と空港
池上寛編　2017年 276p. 3400円

国際物流の一端を担う航空貨物は、近年アジアを中心に取扱量を大きく増加させている。本書ではアジアの主要国・地域の航空貨物についてとりあげ、またASEANやインテグレーターの動きも検討した。

43 チャベス政権下のベネズエラ
坂口安紀編　2016年 245p. 3100円

南米急進左派の急先鋒チャベス政権の14年間はベネズエラにとってどのような意味をもつのか。また彼が推進したボリバル革命とは何なのか。政治、社会、経済、外交の諸側面からその実態をさぐる。